中国传统村落高友村图集

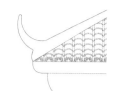

文建平　周　琳　梁显飞
刘少琨　刘雅婷　岳　振
著

清华大学
出版社
北京

内 容 简 介

本书通过对中国传统村落广西三江侗族自治县高友村的调研与典型建筑的测绘，对高友村的基本情况、周边环境、历史要素等进行了描述，并对鼓楼、风雨桥、寨门、凉亭、水井亭等建、构筑物采用照片结合测绘图的方式呈现，同时对建筑局部构件进行分类梳理，收纳更多村落信息，可作为建筑学、城市规划、景观设计和室内设计专业学生的教科书，也可以作为相关设计人员的参考书。

图书在版编目（CIP）数据

中国传统村落：高友村图集 / 文建平等著.— 北京：清华大学出版社，2023.7
ISBN 978-7-302-64288-6

Ⅰ.①中… Ⅱ.①文… Ⅲ.①村落 – 桂林 – 图集 Ⅳ.①K928.5-64

中国国家版本馆 CIP 数据核字 (2023) 第 139143 号

责任编辑：刘一琳　王　华
封面设计：陈国熙
责任校对：薄军霞
责任印制：沈　露

出版发行：清华大学出版社
　　　　网　　　址：http://www.tup.com.cn，http://www.wqbook.com
　　　　地　　　址：北京清华大学学研大厦 A 座　　　邮　　编：100084
　　　　社 总 机：010-83470000　　　　　　　　　邮　　购：010-62786544
　　　　投稿与读者服务：010-62776969，c-service@tup.tsinghua.edu.cn
　　　　质量反馈：010-62772015，zhiliang@tup.tsinghua.edu.cn
印 装 者：三河市龙大印装有限公司
经　　销：全国新华书店
开　　本：185mm×260mm　　　　印　　张：9.75　　　字　　数：90 千字
版　　次：2023 年 9 月第 1 版　　　　　　　　　印　　次：2023 年 9 月第 1 次印刷
定　　价：98.00 元

产品编号：100026-01

本书测绘人员

周　琳	刘雅婷	刘少琨	岳　振
黄　彬	张存立	曹源源	唐宣民
蒋裕林	蔡景旭	何江潮	张习虎
韦尚周	许文静	钟雅丽	邱夏梅
庞延铭	吴家和	韦绍初	李颖鑫
莫国灵	林　静	蔡子华	黄子健
梁文慧	李宗俊	吴　昊	熊正才
冯琳荣	罗　明		

序言

  高友村位于湘桂交界的山区，隶属广西三江侗族自治县，为山地型侗族村寨。高友村远离都市，交通不便，所以其能保持着较为完整的历史建筑和生活习俗，村中有鼓楼、风雨桥、飞山宫、南岳宫等重要的公共性建筑和一大批上百年的民居建筑，更重要的是这些古建筑大多展现了侗族村寨干栏式建筑的风貌，是研究侗族传统村寨不可多得的案例。

  柳州城市职业学院建筑工程与艺术设计学院长期以来对侗族村寨开展基础性的研究工作，对三江地区上百个历史建筑进行了测量测绘，采访了上百名侗族掌墨师和工匠，建立基础数据和工匠档案，并进行数字化建模，积累了丰富的资料和研究成果，为侗族村寨申报世界文化遗产和开发利用积极实践。2020年，柳州城市职业学院传统村落保护与研究团队获得了广西高校高水平创新团队称号。团队积极与国内外高水平院校合作，引入意大利罗马大学地理信息系统（GIS）和建筑信息模型（BIM）在文化遗产保护中的运用技术和经验，与清华大学、武汉大学、上海交通大学等院校开展侗族村寨的联合研究项目。2023年7月，由柳州城市职业学院发起，成立了中国（广西）—东南亚建筑文化遗产保护与利用联盟。

  传统村落的保护与开发利用是当今重要的课题，备受社会各界关注，随着对传统村落核心价值的持续研究和积累，不断还原传统村落更多的历史信息和文化内涵，希望本书能对侗族村寨建筑的保护与开发利用发挥一定的作用。

刘洪波

2023.7

前言

广西壮族自治区三江侗族自治县拥有悠久的历史和民族特色文化，境内侗族木构建筑星罗棋布。三江侗族自治县林溪镇高友村于2012年被列入第一批中国传统村落，村内保存了大量侗族先祖馈赠的文化遗珍——侗族木构建筑，这些木构建筑以其独特的结构、形式和装饰风格，闪烁着绚丽的侗族文化异彩，反映了侗族人民的智慧、生产方式、生活习惯和审美观念。

本书为广西三江侗族自治县高友村侗族木构建筑图集，以图文并茂的形式展示高友村侗族木构建筑的魅力和特点，力求全面系统地介绍高友村侗族木构建筑的结构、形式、装饰、历史和文化背景，为读者提供一个全面和深入了解侗族建筑文化的机会，促进侗族文化的传承和发展，助力传统村落保护、宜居宜业和美乡村建设。

本书共分为六个章节：第一章为高友村概述，介绍高友村的地理位置、交通状况、人口组成等基本信息。第二章为高友村环境，介绍高友村的地貌环境及村落格局等特点。第三章为高友村历史要素，对高友村内的建筑要素及建筑年代进行分析。第四章为高友村典型建筑，主要以绘制图纸展现鼓楼、风雨桥、戏台、宗庙、寨门、民居、凉亭、井亭等侗族木构建筑的结构和形式，并介绍了不同木构建筑的梁、柱、屋顶等主要结构形式和特点。第五章为高友村建筑装饰，主要绘制展示了侗族木构建筑的屋顶、梁架、柱础、门窗等雕刻方面装饰手法，意在体现装饰与侗族文化的关系。第六章为高友村碑文，主要通过石碑拓印图片来反映高友村发展历史、地理环境、社会背景和文化特点等方面的元素。

本书编制历时一年有余，经历现场勘查、深入访谈、无人机航测与三维激光扫描测绘、逆向工程、案例对比、图形绘制等环节，结合当地侗族木构建筑施工材料和技术、建筑功能与文化内涵等内容汇编成册，供广大民族建筑研究者、设计和施工人员参考，也可作为土木工程、建筑设计专业师生教学参考用书。

本书编写过程中，我们得到了高友村村委会的大力支持和帮助，在此表示衷心的感谢。同时，我们也要感谢所有为本书提供资料的朋友和单位，感谢他们的无私奉献和支持。由于资料和水平有限，不当之处在所难免，请大家批评指正。

目 录

1
高友村概述

　　高友村位于广西壮族自治区柳州市三江侗族自治县林溪镇东北部湘桂交界，大伞山峰东侧，地处"湘桂百里侗文化长廊"中心。高友村东北边界至西南寨门距离约 789 米，西北凉亭至东南边界距离约 568 米。高友村距县城 36 千米，是三江县境内属于长江洞庭湖水系最源头的寨子之一。

　　目前，高友村对外交通条件较好，一条村屯级公路穿村而过，往西南方向接林溪镇政府所在地，往东北方向可通往湖南省通道县。高友侗寨地处高山地带，海拔 546 米左右，四面环山、地形平缓的小山谷里，全村森林植被较好，植物茂盛，森林覆盖率达 75%（图 1-1）。气候四季分明，雨量充沛。该村有 10 个村民小组，494 户，1958 人，侗族人口占比 100%。

图 1-1　高友村村貌

图 1-1（续）

2
高友村环境

高友村侗寨始建于 1458 年，即明天顺年间，距今已有 500 多年历史。从村落现有选址及形成年代来看，可谓历史久远。高友村侗寨是典型的高山型侗族村寨代表，高山型村寨一般沿着山脉或者山坳口建寨立村。高友村侗寨公共空间以河谷坪坝为中心，民居在地势较低处，沿林溪河两岸而建，依山之形，就地之势，沿着山体等高线层级耸峙，与山形地貌浑然一体。高低错落的布局在山水丛林间富有丰富的空间层次变化，弯曲的街巷沿等高线走势呈现网络状分布。高友村中干栏式民居建筑林立，历史文物建筑繁多，周边山水环境优美、松杉环绕、翠竹茂林，共同形成完整的"山、水、田、林、寨"圈层布局的田园图景，有着"诗境家园"之美誉（图 2-1）。

高友村的格局特色从建筑聚合方式来说为密集组团式布局，作为西南地区众多民族村寨中的一种类型，形成了独特的山地聚落形态。整个村寨坐落在高山山顶，地势陡峭，具有较强的防卫特点。

图 2-1　高友村民居之"诗境家园"

3
高友村历史要素

高友村侗寨有 6 座鼓楼（最早 1 座距今将近 200 年）、1 座风雨桥（迥龙桥）、3 座飞山宫（庙）、1 座雷王宫、1 座戏台、4 个寨门、7 个凉亭、15 个井亭和 400 多座民居吊脚楼等（图 3-1～图 3-4）。

图 3-1 高友村鼓楼坪广场

图 3-2 高友村民居群

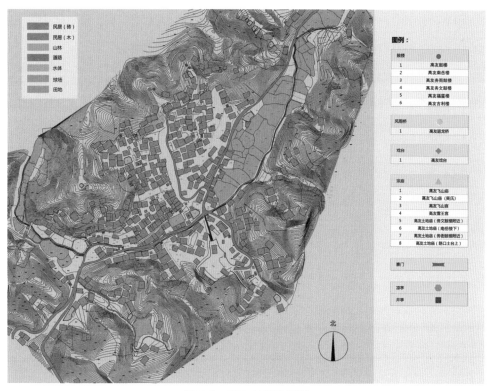

图 3-3　高友村总平面图

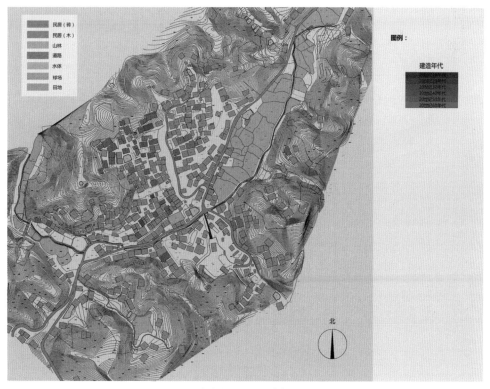

图 3-4　高友村民居建造年代分析图

4
高友村典型建筑

4.1 鼓楼

4.1.1 高友鼓楼

　　高友鼓楼为村内现存历史最早的建筑，建于清道光十八年（1838 年），是一座三重檐歇山顶平地式木结构鼓楼建筑，总高约 9.7 米。底层分立 4 根金柱、12 根檐柱。高友鼓楼坐西北，开门朝向东南，西南侧外挑直棂窗。入口设置 3 级弧形条石拼接台阶，门上设有门簪，两侧挂置一对木雕楹联。鼓楼平面呈四方形，占地约 45 平方米，中心设有直径约 0.7 米圆形火塘，4 根金柱间设有 4 条大板凳，水泥地面。高友鼓楼至今已有近 200 年的历史，迄今仍然作为高友老人活动室在使用。该鼓楼既保存了中国古代建筑的特色，又体现了侗族木构建筑的特点，对研究侗族文化及其发展有着重要意义（图 4-1~图 4-9）。

图 4-1　高友鼓楼正面

图 4-2　高友鼓楼侧面

图 4-3　高友鼓楼中的火塘

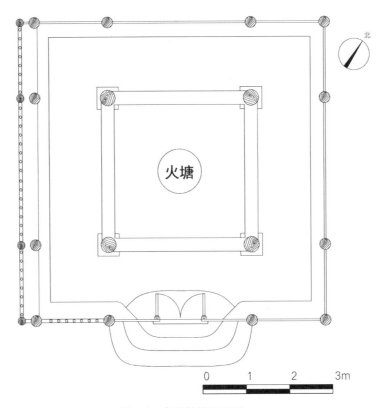

图 4-4　高友鼓楼平面图

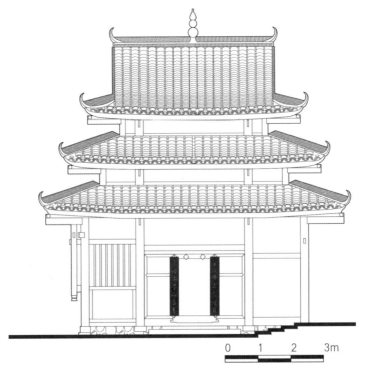

图 4-5　高友鼓楼南立面图

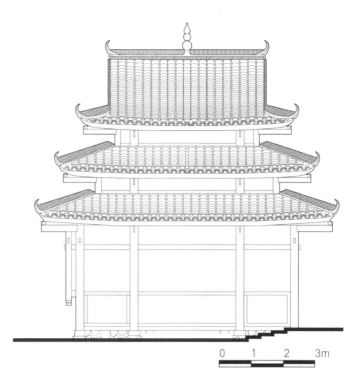

0   1   2   3m

图 4-6 高友鼓楼北立面图

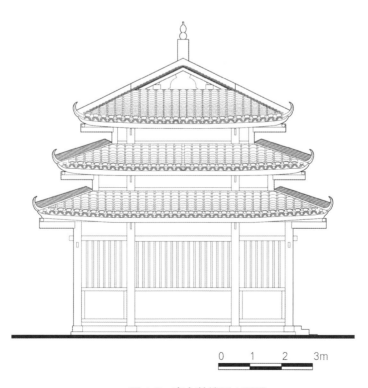

0   1   2   3m

图 4-7 高友鼓楼西立面图

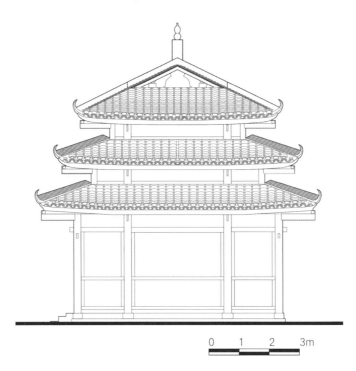

图 4-8　高友鼓楼东立面图

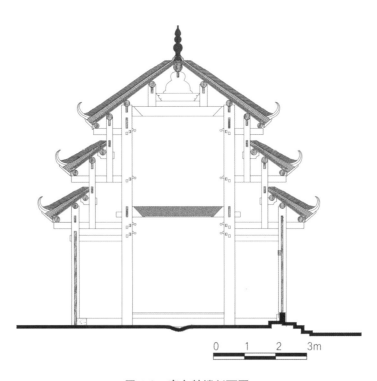

图 4-9　高友鼓楼剖面图

4.1.2 高友南岳楼

高友南岳楼位于高友中心鼓楼坪西北侧,2017年被列为广西壮族自治区文物保护单位。建于清光绪二十七年（1901 年），是一座三重檐歇山顶穿斗式建筑,属于干栏式侗族木构建筑。南岳楼由鼓楼建筑主体与北侧、东侧木构建筑三部分组成,主体底层为架空层,其下有土地宫一座、同治六年石碑一座。上部为南岳楼主要空间,靠南侧的为鼓楼空间与东侧木构建筑相连,外围设置直棂窗,东侧木构建筑空间与主鼓楼主体相邻处设置有方形火塘。北侧木构建筑为一个相对独立的空间,与南侧鼓楼空间有 6 扇木门相隔,内部设置神龛一座。南岳楼总面积约 85 平方米,鼓楼主体空间分立 4 根金柱、12 根檐柱。北侧和东侧均为穿斗式木构建筑,北侧屋面与鼓楼屋面同坡整体衔接,东侧为双坡顶,与鼓楼歇山顶部分自然衔接。通过采用干栏式建筑的形式巧妙地解决了南岳楼地形的高差问题,利用当地石材作为建筑基础有效地解决了建筑防潮问题。同时,在侗族能工巧匠的智慧设计下,主体自然地与北侧、东侧穿斗式木构建筑衔接（图 4-10~图 4-32）,使整栋建筑融为一体,充分体现了侗族木构建筑建设灵活的特点。在建筑造型与细部构件方面,无论设计还是工艺均体现了精致巧妙的特点,具有较高的历史、科学和艺术等方面的研究价值。

图 4-10　高友南岳楼正面

图 4-11　高友南岳楼石材台基

图 4-12　高友南岳楼北侧石阶

图 4-13　高友南岳楼木楼梯

图 4-14　高友南岳楼木构架

图 4-15　高友南岳楼东侧建筑穿斗式木构架

图 4-16　高友南岳楼长凳

图 4-17　高友南岳楼神龛

图 4-18　高友南岳楼木质匾额

图 4-19　高友南岳楼内铁钟

图 4-20　高友南岳楼火塘

图 4-21　高友南岳楼内雕花木门

图 4-22　高友南岳楼底层架空空间

图 4-23　高友南岳楼石礅

图 4-24　高友南岳楼外部精美雕刻装饰

图 4-25　高友南岳楼直棂窗

图 4-26　高友南岳楼蜂窝斗栱

图 4-27　高友南岳楼川枋雕花装饰

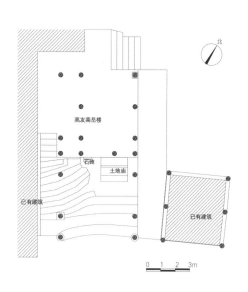

图 4-28 高友南岳楼架空层平面图

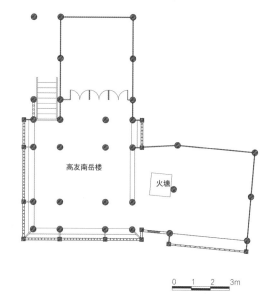

图 4-29 高友南岳楼平面图

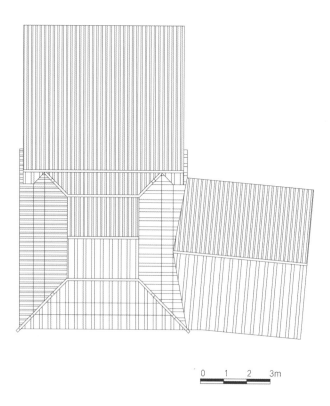

图 4-30 高友南岳楼屋顶平面图

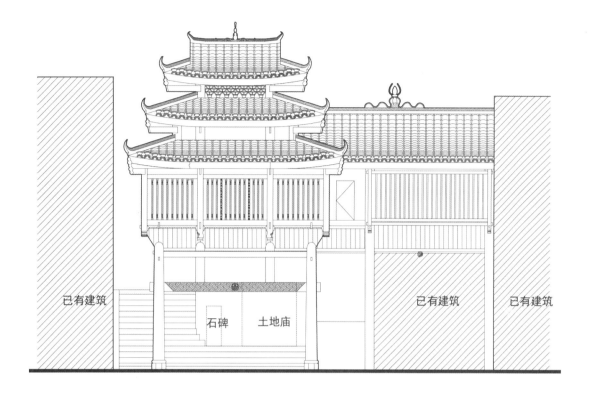

图 4-31 高友南岳楼南立面图

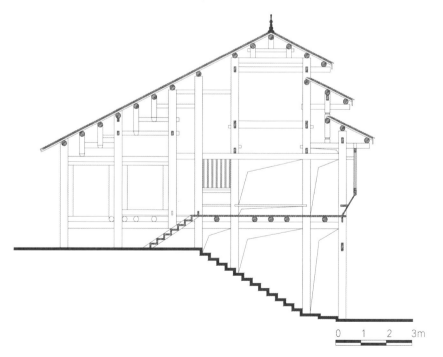

图 4-32 高友南岳楼剖面图

4.1.3　高友务衙鼓楼

　　高友务衙鼓楼位于高友村侗寨北部民居组团的中心,是一座建于清咸丰四年（1854年）的三重檐歇山顶干栏式鼓楼建筑。鼓楼内分立4根金柱、4根檐柱（图4-33~图4-39）。

图4-33　高友务衙鼓楼外观

图4-34　高友务衙鼓楼檐口

图4-35　高友务衙鼓楼架空层

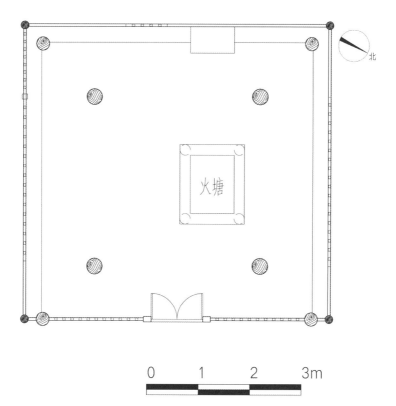

北

图 4-36 高友务衙鼓楼平面图

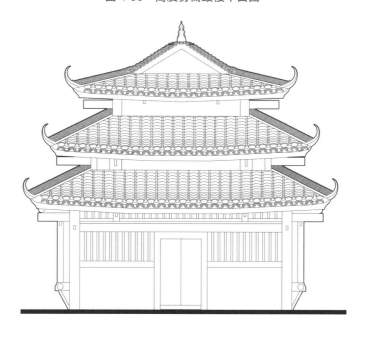

图 4-37 高友务衙鼓楼东立面图

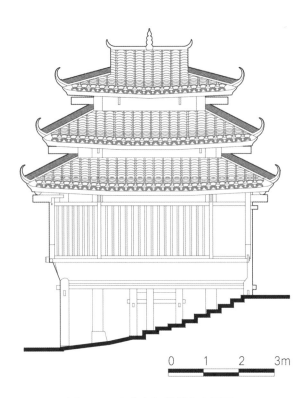

图 4-38　高友务衙鼓楼南立面图

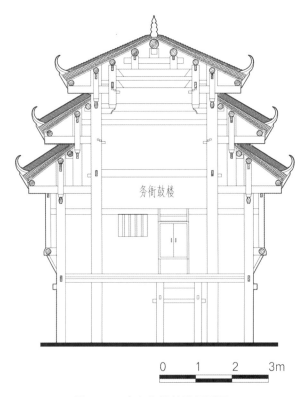

图 4-39　高友务衙鼓楼剖面图

4.1.4 高友务文鼓楼

高友务文鼓楼是典型的干栏式建筑，根据地面的坡度架空底层。该鼓楼为三开间三进深矩形平面，双层双坡屋顶形式（图 4-40～图 4-50）。

图 4-40　高友务文鼓楼北立面

图 4-41　高友务文鼓楼东立面

图 4-42　高友务文鼓楼木构架

图 4-43　高友务文鼓楼火塘

图 4-44　高友务文鼓楼侧面栈板墙

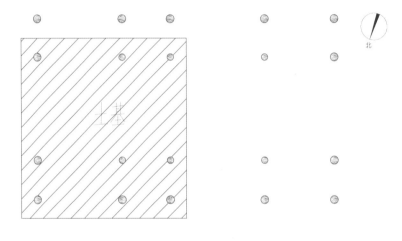

图 4-45　高友务文鼓楼架空层平面图

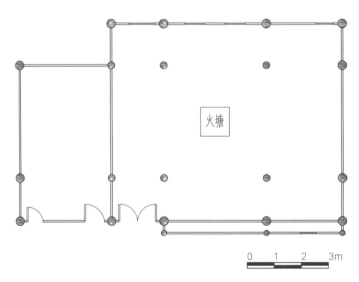

图 4-46　高友务文鼓楼一层平面图

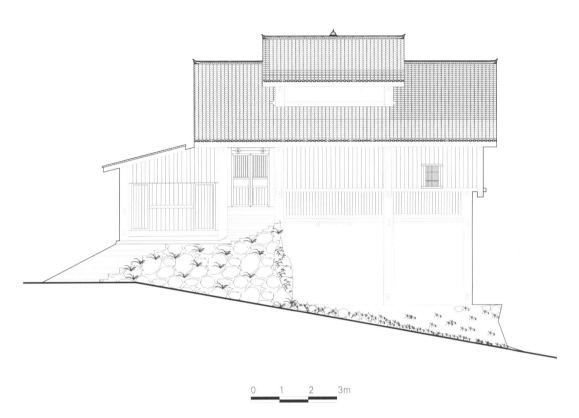

0　　1　　2　　3m

图 4-47　高友务文鼓楼北立面图

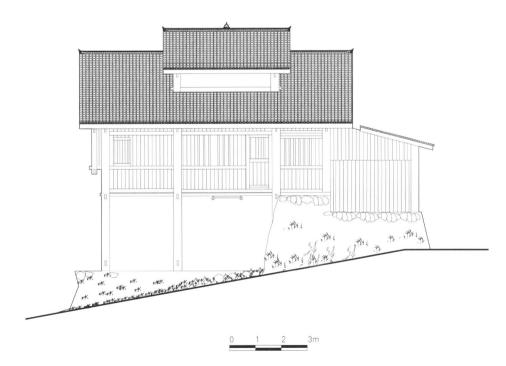

0　　1　　2　　3m

图 4-48　高友务文鼓楼南立面图

0　　1　　2　　3m

图 4-49　高友务文鼓楼西立面图

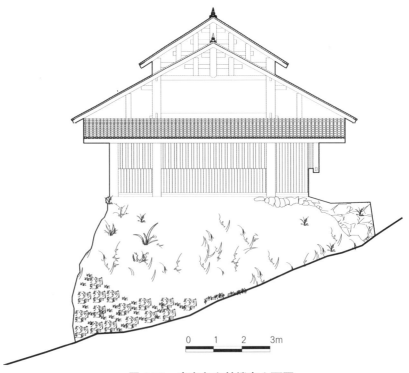

0　　1　　2　　3m

图 4-50　高友务文鼓楼东立面图

4.1.5 高友福星楼

　　高友福星楼是高友村最大的一座鼓楼，建于 2005 年，位于高友村侗寨的中心区域，为密檐式十三重檐攒尖顶木结构，底部三层为四檐四角，上部十层为八檐八角攒尖顶，底层分立 4 根金柱、12 根檐柱。福星楼坐东朝西，入口设置多级石材台阶，门上设有门簪，两侧挂置一对木雕楹联。鼓楼底层平面呈四方形，占地约 100 平方米，中心设有火塘，4 根金柱间设有 4 条大板凳，地面青石板铺墁。福星楼内部分上下两层，通过木楼梯相连接（图 4-51～图 4-59），作为高友村最为热闹的活动场所，该鼓楼延续了鼓楼作为侗寨村民集会、议事、活动等的功能，保存了中国古代建筑的特色，是侗族木构建筑文化的传承体现。

图 4-51　高友福星楼外观

图 4-52　高友福星楼构架

图 4-53　高友福星楼火塘

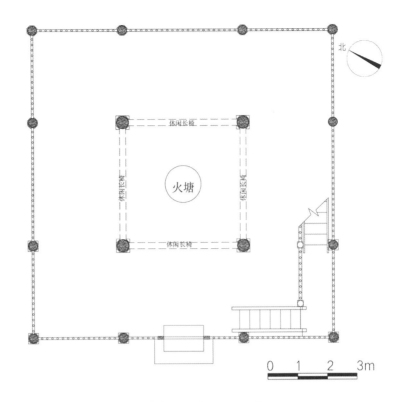

图 4-54 高友福星楼一层平面图

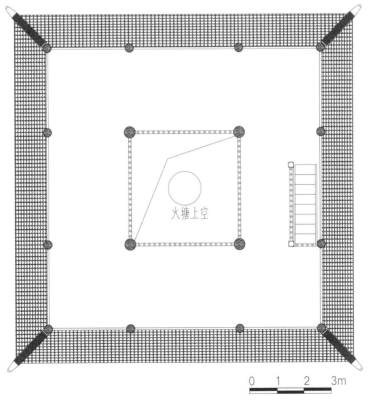

图 4-55 高友福星楼二层平面图

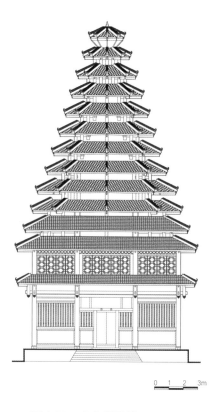

0 1 2 3m

图 4-56　高友福星楼西立面图

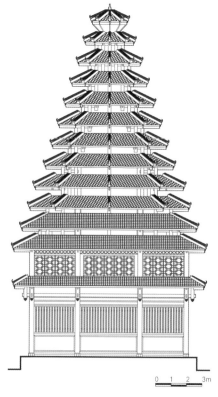

0 1 2 3m

图 4-57　高友福星楼东立面图

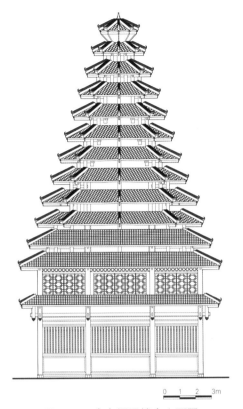

图 4-58 高友福星楼南立面图

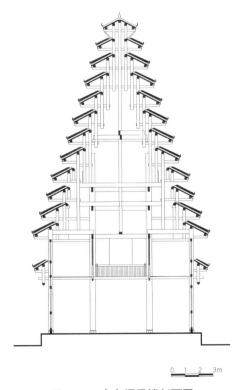

图 4-59 高友福星楼剖面图

4.1.6　高友吉利楼

高友吉利楼与高友务衙鼓楼相邻而建，楼顶为五层檐歇山顶（图 4-60～图 4-77）。

图 4-60　高友吉利楼正面外观

图 4-61　高友吉利楼侧面外观

图 4-62　高友吉利楼檐口

图 4-63　高友吉利楼外部木构架

图 4-64　高友吉利楼檐口吊柱

图 4-65　高友吉利楼入口

图 4-66　高友吉利楼大门

图 4-67　高友吉利楼一层

图 4-68　高友吉利楼二层

图 4-69　高友吉利楼内部木构架

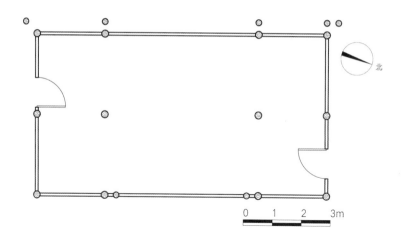

北

图 4-70 高友吉利楼负一层平面图

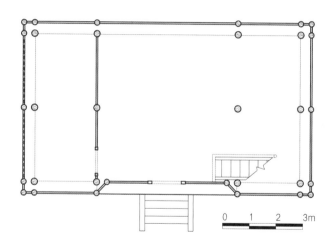

图 4-71 高友吉利楼一层平面图

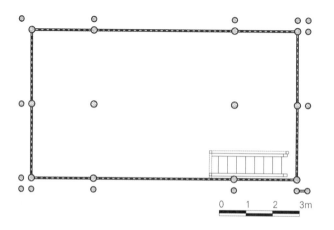

图 4-72 高友吉利楼二层平面图

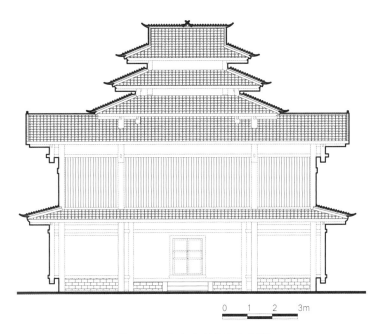

图 4-73　高友吉利楼东立面图

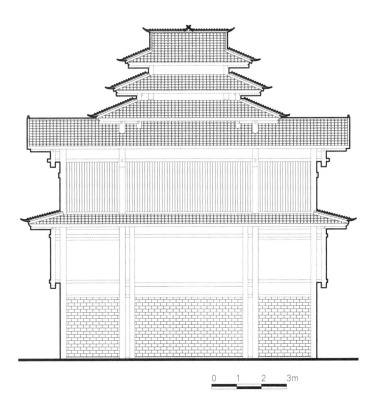

图 4-74　高友吉利楼西立面图

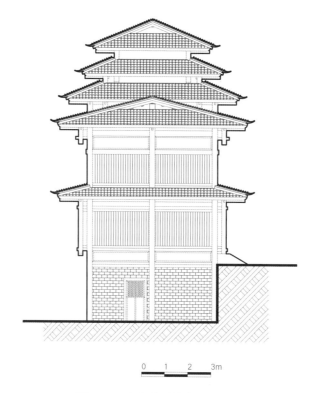

图 4-75　高友吉利楼南立面图

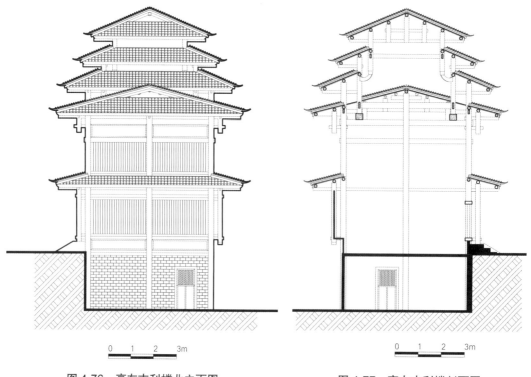

图 4-76　高友吉利楼北立面图　　　　　图 4-77　高友吉利楼剖面图

4.2 风雨桥

高友迴龙桥

　　高友迴龙桥位于高友村侗寨的最西端，林溪河下游，建于清代，现有建筑基本保持原貌，为石墩木结构楼阁式侗族建筑，是一座密檐与单檐结合的混合型风雨廊桥，整体由 3 座三重密檐歇山顶楼阁式桥亭和 6 间开敞桥廊构成，总长度为 33.6 米，桥廊宽 3.7 米，桥亭总高约 7.9 米。风雨桥外侧半装木板，南段桥墩为毛石砌筑，北段桥台为毛石混凝土结构，墩上用原木作梁，以支撑上部桥亭、桥廊。桥亭重檐层层叠加向上，檐翼呼之欲飞，桥、亭、廊三部分浑然一体，巧夺天工，是侗族风雨桥的典型代表（图 4-78~图 4-90）。

图 4-78 高友迴龙桥及周边环境

图 4-79　高友迴龙桥外观

图 4-80　高友迴龙桥东侧外观

图 4-81　高友迴龙桥桥廊构架

图 4-82　高友迴龙桥中间桥亭

图 4-83　高友迴龙桥北侧桥亭

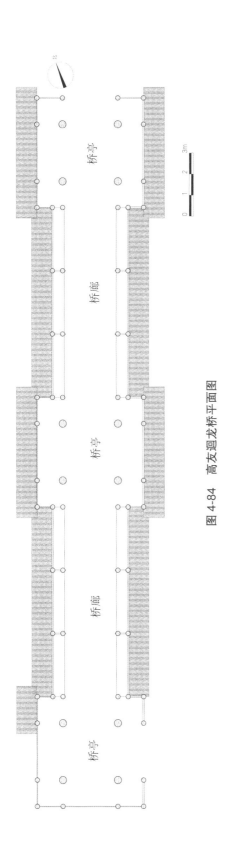

图 4-84　高友迴龙桥平面图

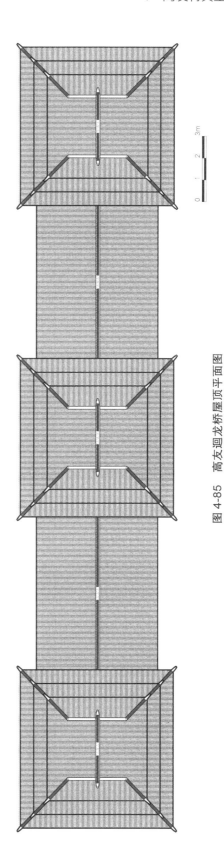

图 4-85　高友迴龙桥屋顶平面图

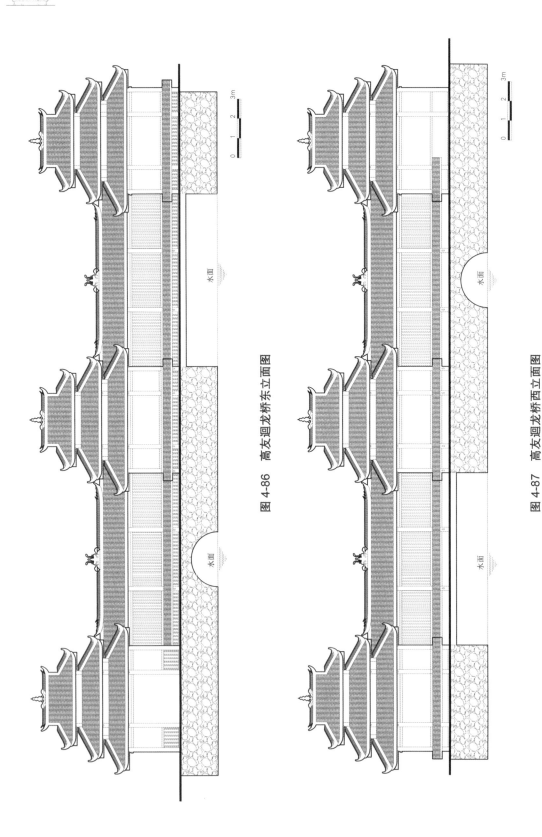

图 4-86　高友迥龙桥东立面图

图 4-87　高友迥龙桥西立面图

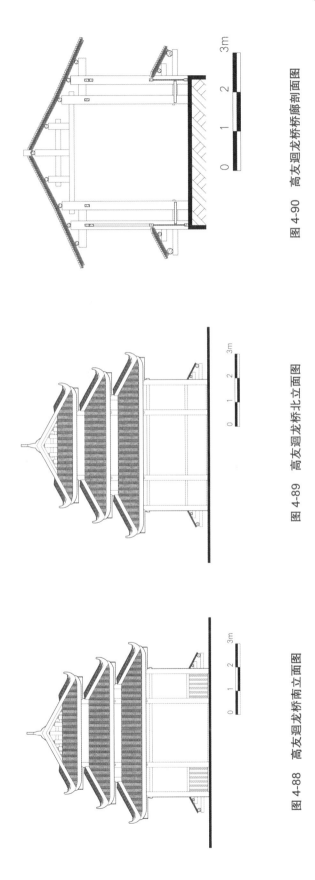

图 4-90 高友迴龙桥桥廊剖面图

图 4-89 高友迴龙桥北立面图

图 4-88 高友迴龙桥南立面图

4.3 戏台

高友戏台

　　高友戏台为 2008 年新建，对称布局，主楼为三重檐歇山顶式建筑，两侧附属楼为三重檐攒尖顶式建筑。最顶层屋顶均以蜂窝斗拱作为装饰，歇山顶屋脊饰有双龙戏珠，攒尖顶为葫芦状宝顶 (图 4-91~图 4-98)。

图 4-91　高友戏台外观

图 4-92　高友戏台东翼

图 4-93　高友戏台蜂窝斗拱

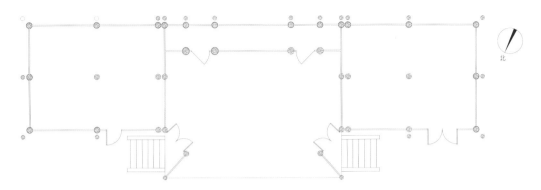

图 4-94 高友戏台一层平面图

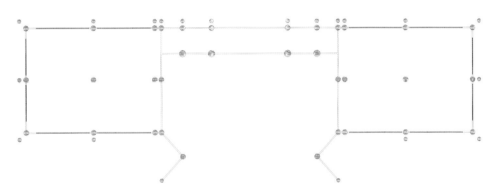

图 4-95 高友戏台二层平面图

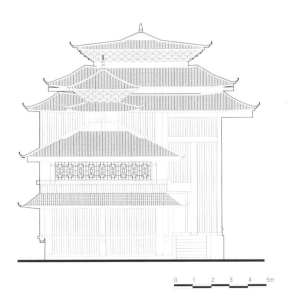

图 4-96 高友戏台东立面图

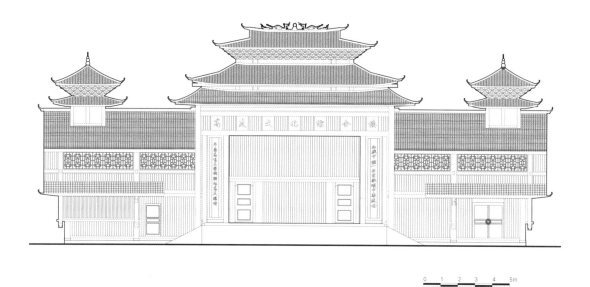

0 1 2 3 4 5m

图 4-97　高友戏台北立面图

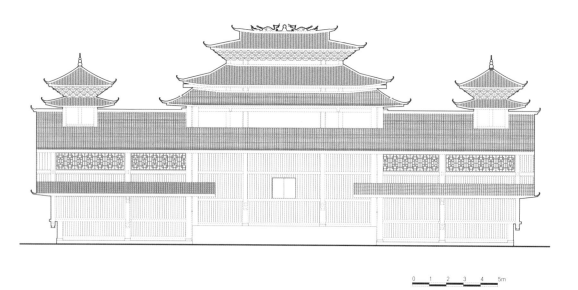

0 1 2 3 4 5m

图 4-98　高友戏台南立面图

4.4　宗庙

宗庙建筑在传统侗族村寨中是不可或缺的一种重要的建筑类型。侗族的宗庙建筑常见的有三王宫、南岳宫、飞山庙（宫）、土地庙（宫）和雷王庙。

在三江侗族自治县高友村，有多座宗庙建筑，飞山庙、南岳宫、土地庙和雷王庙是高友村宗庙建筑的代表。

飞山庙，侗族祭祖圣地之一，是纪念威远侯杨再思的庙宇。它不仅规模大，建筑上还很讲究。分内宫和外院两部分，建筑施工精湛奢华。门面很讲究，大门两侧采用青石板制作楹联。每年的太阳节，村寨中的侗族长老带领村民在此举行祭祀活动。

南岳宫，也是南岳鼓楼，始建于 1901 年。南岳宫中有一座神龛，供奉有神像，神位上书：敕奉西周南岳宗静大王之神位。

土地庙与雷王庙都是规模较小的庙宇，常建于半山坡或农田附近，庇佑村寨能风调雨顺，五谷丰登。

4.4.1　高友飞山庙

高友飞山庙是为纪念唐末五代时期的侗族英雄杨再思而建，始建于清嘉庆六年（1801年），于清咸丰九年（1859 年）进行重修。飞山庙为砖木结构，由内宫和外院组成。内宫设神台，原宫内神像和壁画因"破四旧"而损毁，现仅存古钟及一张残缺祭祀木桌（图 4-99~图 4-111）。

图 4-99　高友飞山庙外观

图 4-100 高友飞山庙入口石阶

图 4-101 高友飞山庙山门入口

图 4-102 高友飞山庙（宫）堂屋

图 4-103　高友飞山庙木构架

图 4-104　高友飞山庙神龛

图 4-105　高友飞山庙古钟

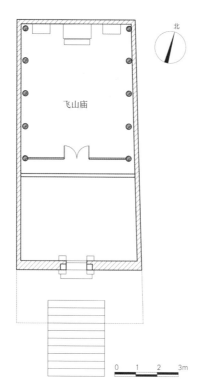

北

图 4-106　高友飞山庙平面图

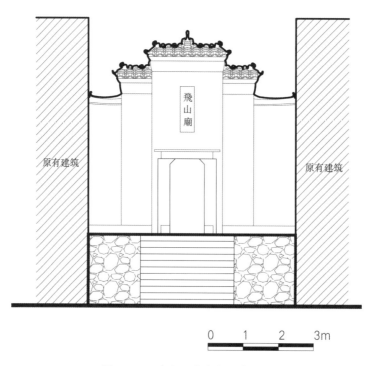

图 4-107　高友飞山庙山门南立面图

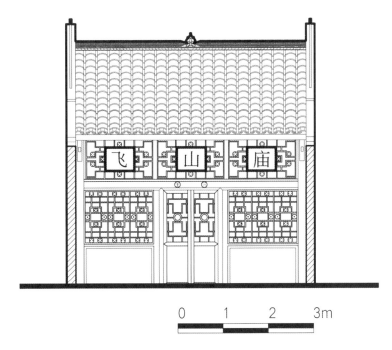

图 4-108　高友飞山庙南立面图

图 4-109　高友飞山庙北立面图

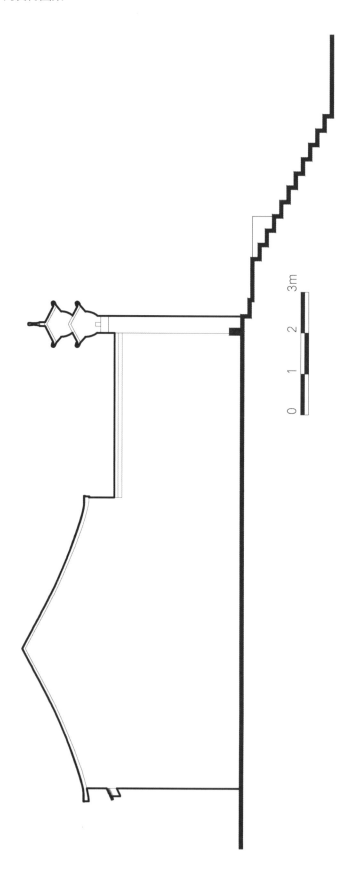

0 1 2 3m

图 4-110 高友飞山庙西立面图

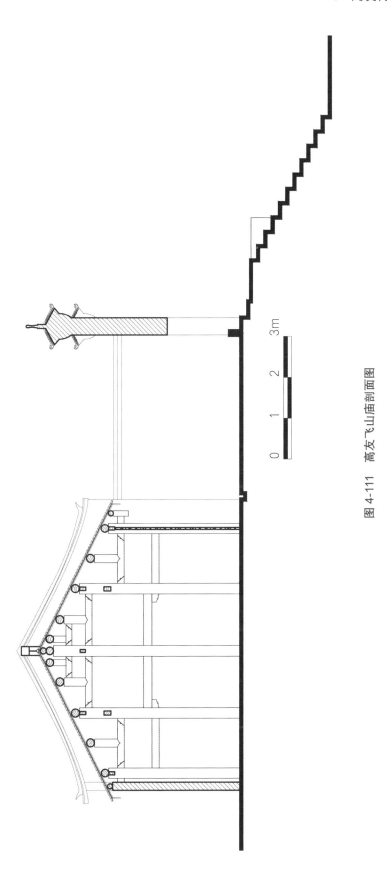

图 4-111 高友飞山庙剖面图

4.4.2 高友飞山庙（吴氏）

高友飞山庙（吴氏）实景与测绘图见图 4-112~图 4-120。

图 4-112 高友飞山庙（吴氏）外观

图 4-113 高友飞山庙（吴氏）匾额

图 4-114 高友飞山庙（吴氏）神龛

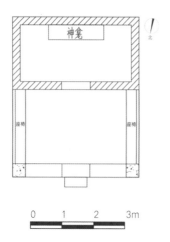

图 4-115 高友飞山庙（吴氏）平面图

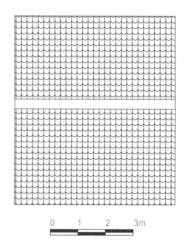

图 4-116 高友飞山庙（吴氏）屋顶平面图

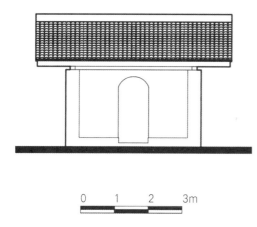

图 4-117　高友飞山庙（吴氏）北立面图

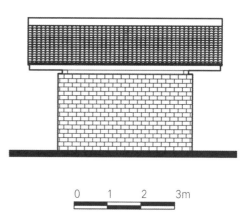

图 4-118　高友飞山庙（吴氏）南立面图

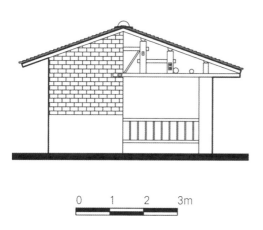

图 4-119　高友飞山庙（吴氏）东立面图

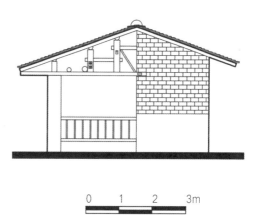

图 4-120　高友飞山庙（吴氏）西立面图

4.4.3 高友飞山宫

高友飞山宫实景与测绘图见图 4-121～图 4-128。

图 4-121 高友飞山宫外观

图 4-122 高友飞山宫神龛

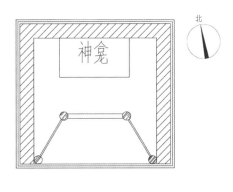

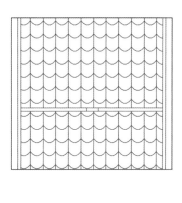

图 4-123　高友飞山宫平面图

图 4-124　高友飞山宫屋顶平面图

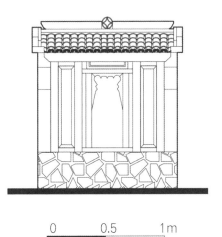

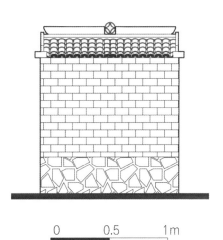

图 4-125　高友飞山宫南立面图

图 4-126　高友飞山宫北立面图

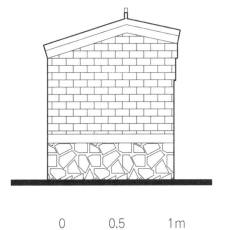

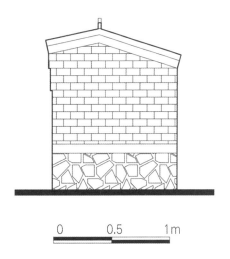

图 4-127　高友飞山宫西立面图

图 4-128　高友飞山宫东立面图

4.4.4 高友雷王庙

高友雷王庙实景与测绘图见图4-129~图4-137。

图4-129 高友雷王庙外观

图4-130 高友雷王庙正面外观

图4-131 高友雷王庙侧后面外观

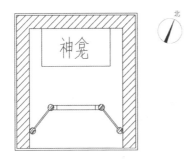

图 4-132 高友雷王庙平面图

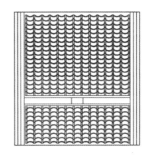

图 4-133 高友雷王庙屋顶平面图

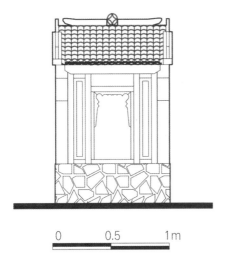

图 4-134 高友雷王庙南立面图

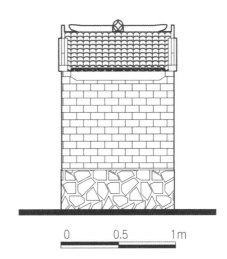

图 4-135 高友雷王庙北立面图

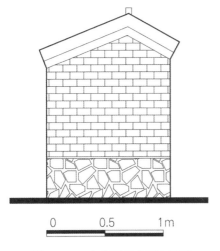

图 4-136 高友雷王庙西立面图

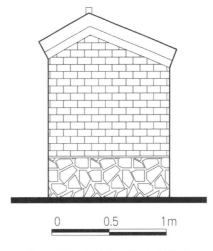

图 4-137 高友雷王庙东立面图

4.4.5 高友土地庙（宫）

1.高友土地庙（务文鼓楼附近）（图 4-138~图 4-143）

图 4-139　高友土地庙正面外观

图 4-138　高友土地庙侧面外观

图 4-140　高友土地庙木构架

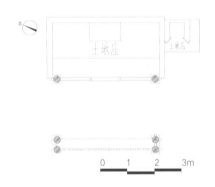

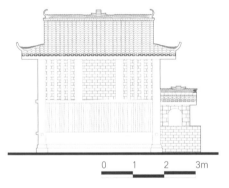

图 4-141　高友土地庙平面图

图 4-142　高友土地庙西立面图

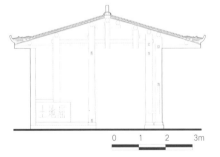

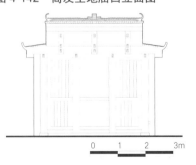

图 4-143　高友土地庙剖面图

2. 高友土地宫（南岳楼下）（图 4-144~图 4-151）

图 4-144　高友土地宫（南岳楼下）外观

图 4-145　高友土地宫（南岳楼下）供台

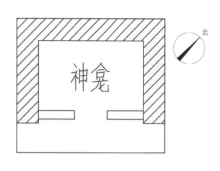

图 4-146　高友土地宫（南岳楼下）平面图

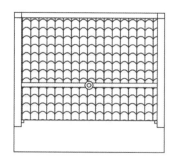

图 4-147　高友土地宫（南岳楼下）屋顶平面图

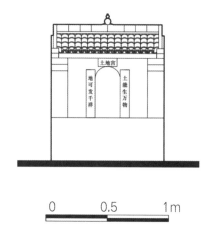

图 4-148　高友土地宫（南岳楼下）东立面图

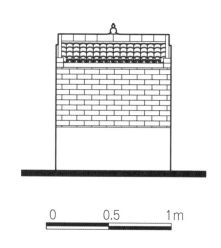

图 4-149　高友土地宫（南岳楼下）西立面图

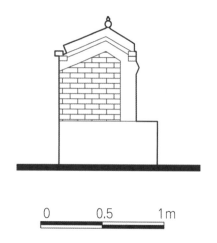

图 4-150　高友土地宫（南岳楼下）南立面图

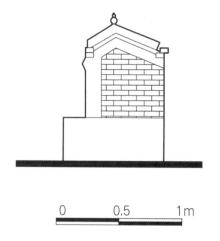

图 4-151　高友土地宫（南岳楼下）北立面图

3. 高友土地庙（务衙鼓楼附近）（图 4-152～图 4-157）

图 4-152　务衙鼓楼附近土地庙外观

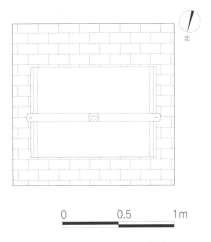

图 4-153　务衙鼓楼附近土地庙平面图

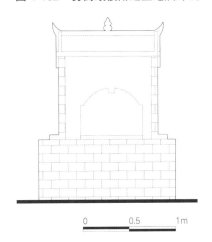

图 4-154　务衙鼓楼附近土地庙北立面图

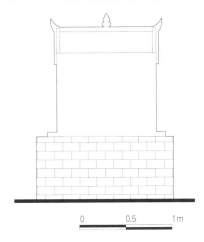

图 4-155　务衙鼓楼附近土地庙南立面图

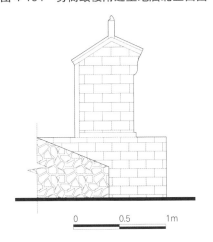

图 4-156　务衙鼓楼附近土地庙东立面图

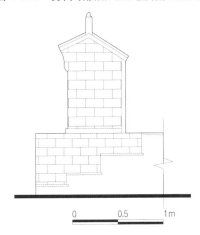

图 4-157　务衙鼓楼附近土地庙西立面图

4.高友土地庙（路口土台上）（图 4-158～图 4-162）

图 4-158　高友土地庙（路口土台上）外观

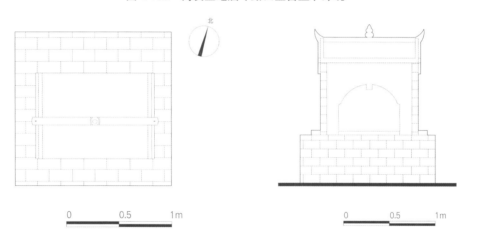

图 4-159　高友土地庙（路口土台上）平面图　　图 4-160　高友土地庙（路口土台上）南立面图

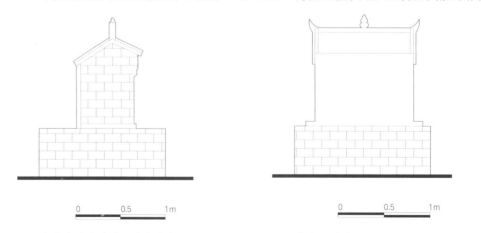

图 4-161　高友土地庙（路口土台上）西立面图　　图 4-162　高友土地庙（路口土台上）北立面图

4.5 寨门

4.5.1 高友永兴门

高友永兴门实景与测绘图见图 4-163~图 4-167。

图 4-163 高友永兴门外观

图 4-164 高友永兴门屋顶

图 4-165 高友永兴门蜂窝斗拱

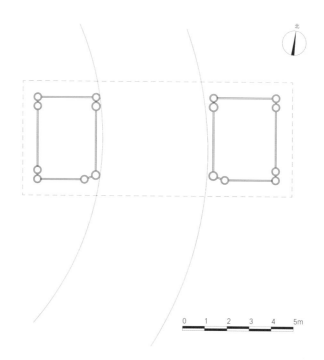

图 4-166　高友永兴门平面图

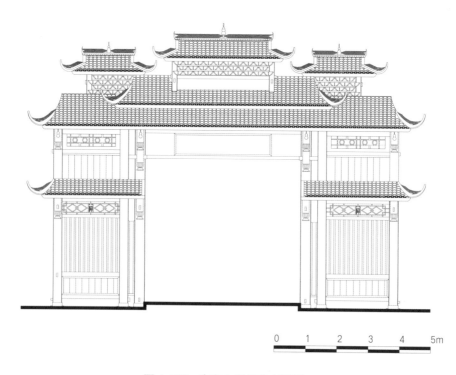

图 4-167　高友永兴门南立面图

4.5.2 高友接龙门

高友接龙门实景与测绘图见图4-168~图4-171。

图 4-168 高友接龙门外观

图 4-169 高友接龙门木构架

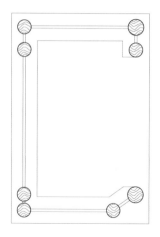
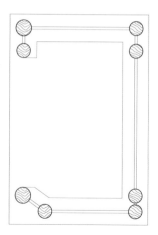

图 4-170　高友接龙门平面

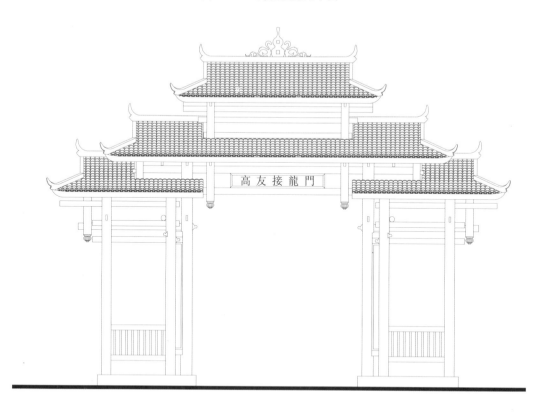

图 4-171　高友接龙门南立面图

4.5.3　高友往三江方向寨门

高友往三江方向寨门实景与测绘图见图 4-172~图 4-176。

图 4-172　高友往三江方向寨门外观图

图 4-173　高友往三江方向寨门局部构架一

图 4-174　高友往三江方向寨门局部构架二

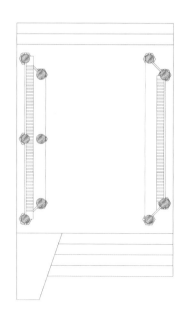
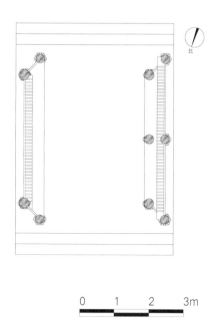

图 4-175　高友往三江方向寨门平面图

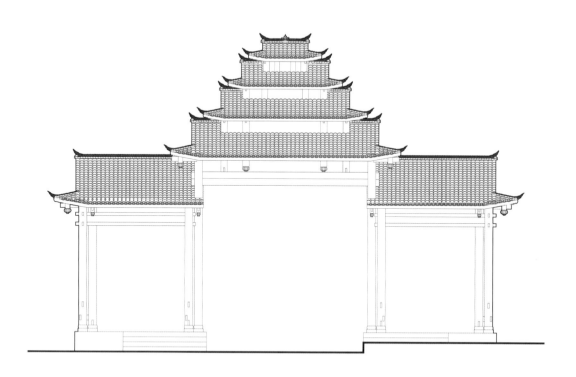

图 4-176　高友往三江方向寨门北立面图

4.5.4 高友往通道方向寨门

高友往通道方向寨门实景与测绘图见图 4-177～图 4-182。

图 4-177 高友往通道方向寨门外观

图 4-178 高友往通道方向寨门局部框架

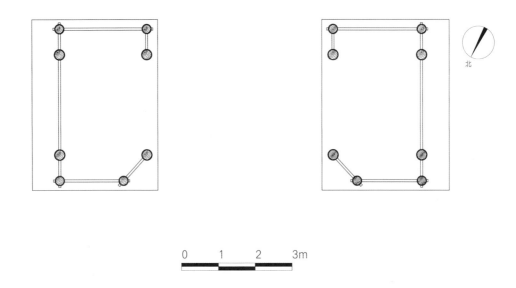

北

0 1 2 3m

图 4-179 高友往通道方向寨门平面图

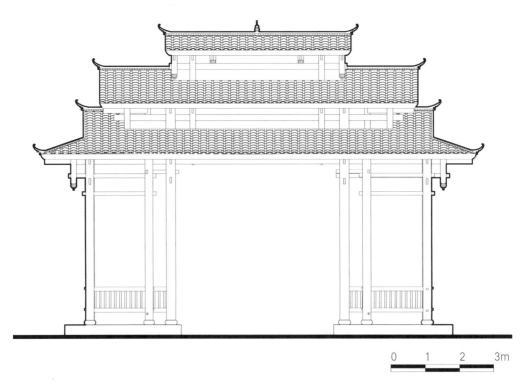

0 1 2 3m

图 4-180 高友往通道方向寨门北立面图

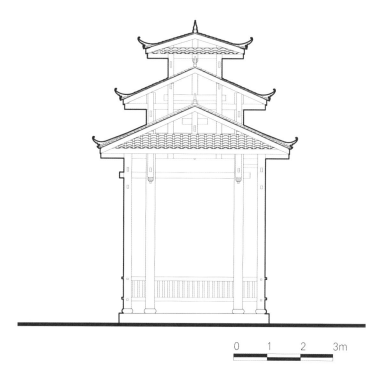

图 4-181 高友往通道方向寨门西立面图

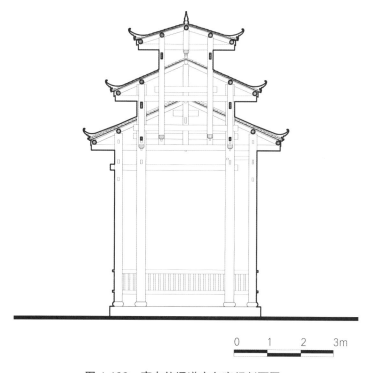

图 4-182 高友往通道方向寨门剖面图

4.6 民居

4.6.1 吴氏老屋（1915年建）

吴氏老屋实景与测绘图见图4-183~图4-190。

图4-183 吴氏老屋外观

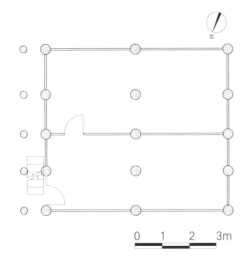

图4-184 吴氏老屋一层平面图

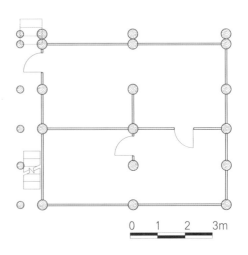

图4-185 吴氏老屋二层平面图

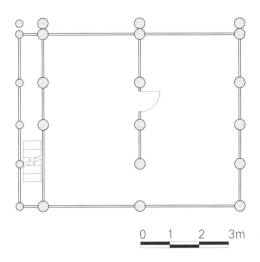

图 4-186 吴氏老屋三层平面图

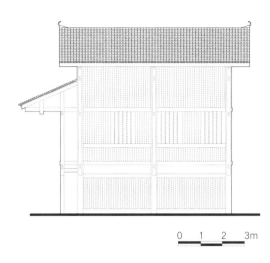

图 4-187 吴氏老屋北立面图

图 4-188 吴氏老屋西立面图

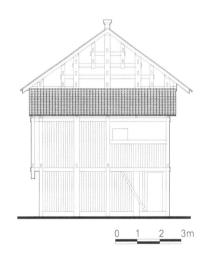

图 4-189 吴氏老屋东立面图

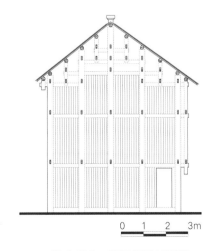

图 4-190 吴氏老屋剖面图

4.6.2　韦氏老屋（1957 年建）

韦氏老屋实景与测绘图见图 4-191~图 4-200。

图 4-191　韦氏老屋（1957 年建）外观一

图 4-192　韦氏老屋（1957 年建）外观二

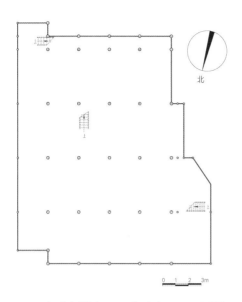

图 4-193　韦氏老屋（1957 年建）一层平面图

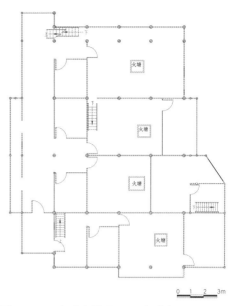

图 4-194　韦氏老屋（1957 年建）二层平面图

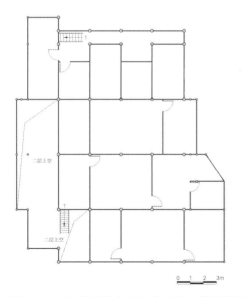

图 4-195　韦氏老屋（1957 年建）三层平面图

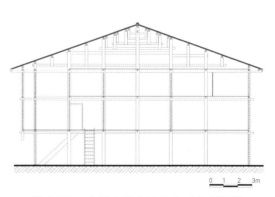

图 4-196　韦氏老屋（1957 年建）剖面图

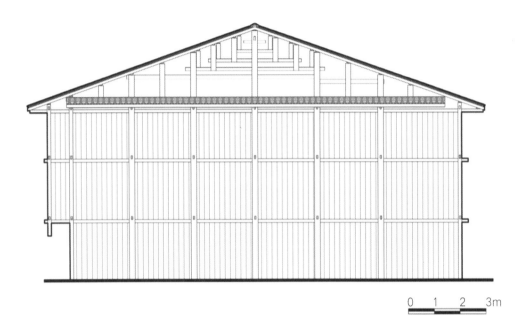

0　　1　　2　　3m

图 4-197　韦氏老屋（1957 年建）西立面图

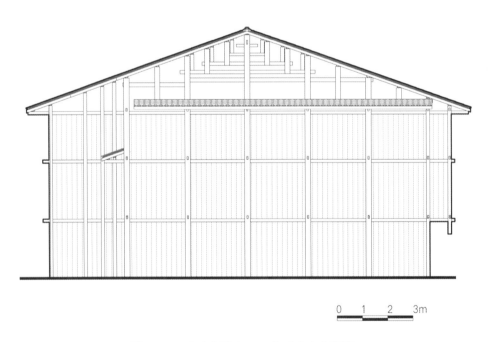

0　　1　　2　　3m

图 4-198　韦氏老屋（1957 年建）东立面图

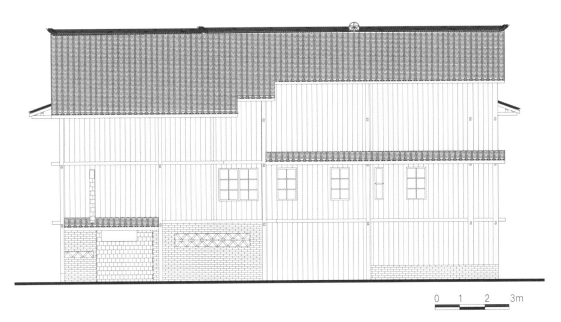

图 4-199　韦氏老屋（1957 年建）北立面图

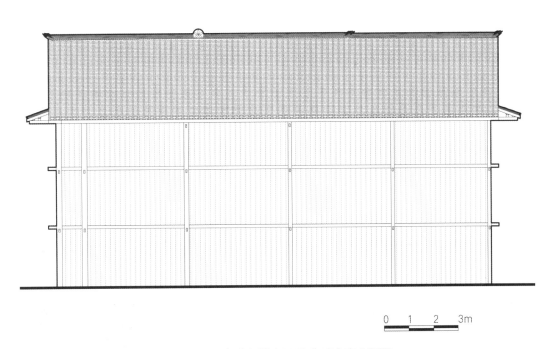

图 4-200　韦氏老屋（1957 年建）南立面图

4.6.3 潘氏老屋（1915 年建）

潘氏老屋（1915 年建）实景与测绘图见图 4-201~图 4-215。

图 4-201　潘氏老屋（1915 年建）外观

图 4-202　潘氏老屋（1915 年建）侧立面

图 4-203　潘氏老屋（1915 年建）入口

图 4-204　潘氏老屋（1915 年建）宽廊

图 4-205　潘氏老屋（1915 年建）室内

图 4-206　潘氏老屋（1915 年建）室内木楼梯

图 4-207　潘氏老屋（1915 年建）木梁搭接

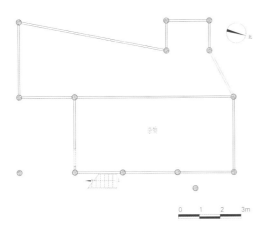

图 4-208　潘氏老屋（1915 年建）负一层平面图

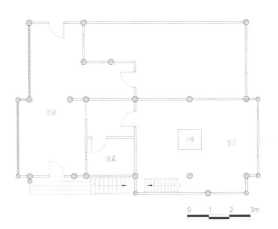

图 4-209　潘氏老屋（1915 年建）一层平面图

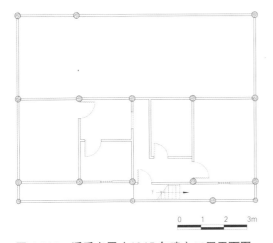

图 4-210　潘氏老屋（1915 年建）二层平面图

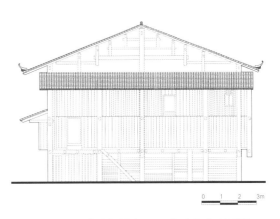

图 4-211　潘氏老屋（1915 年建）东立面图

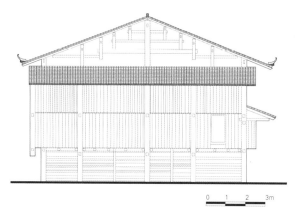

图 4-212　潘氏老屋（1915 年建）西立面图

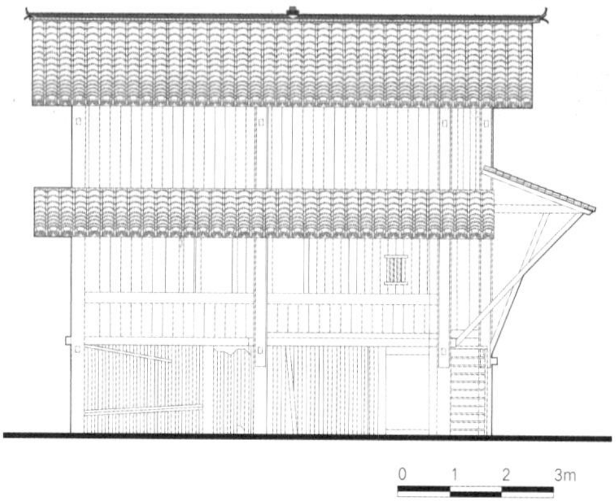

图 4-213　潘氏老屋（1915 年建）南立面图

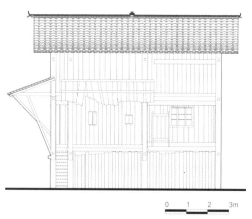

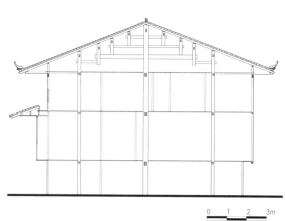

图 4-214　潘氏老屋（1915 年建）北立面图

图 4-215　潘氏老屋（1915 年建）剖面图

4.6.4　潘氏老屋（1921年建）

潘氏老屋（1921年建）实景与测绘图见图4-216~图4-226。

图 4-216　潘氏老屋（1921年建）外观

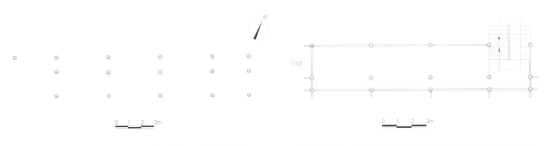

图 4-217　潘氏老屋（1921年建）一层平面图　　　图 4-218　潘氏老屋（1921年建）二层平面图

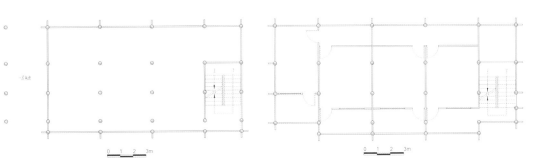

图 4-219　潘氏老屋（1921年建）三层平面图　　　图 4-220　潘氏老屋（1921年建）四层平面图

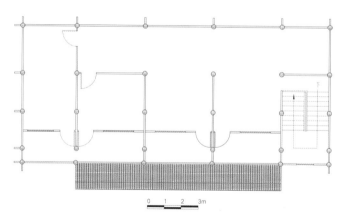

图 4-221　潘氏老屋（1921 年建）五层平面图

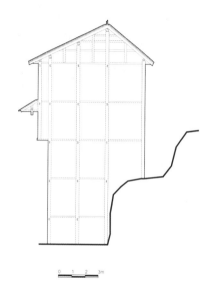

图 4-222　潘氏老屋（1921 年建）剖面图

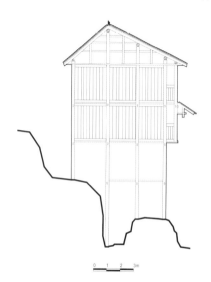

图 4-223　潘氏老屋（1921 年建）西立面图

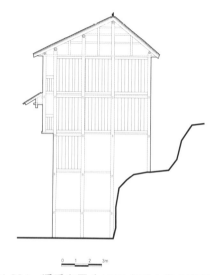

图 4-224　潘氏老屋（1921 年建）东立面图

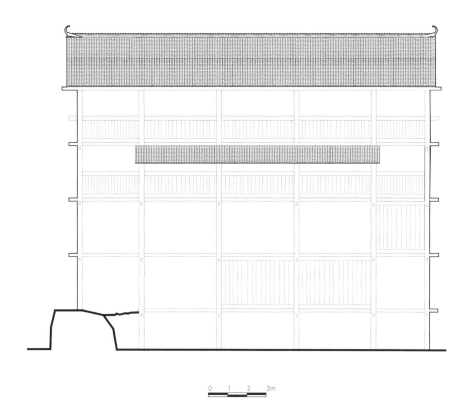

图 4-225 潘氏老屋（1921 年建）南立面图

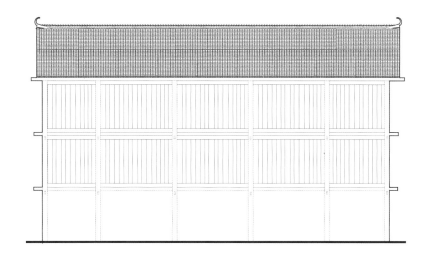

图 4-226 潘氏老屋（1921 年建）北立面图

4.6.5 潘氏老屋（1963年建）

潘氏老屋（1963年建）实景与测绘图见图4-227~图4-235。

图4-227 潘氏老屋（1963年建）外观

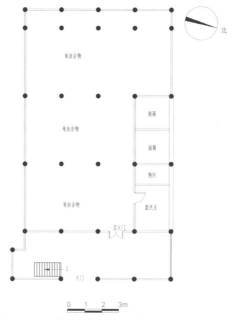

图4-228 潘氏老屋（1963年建）一层平面图

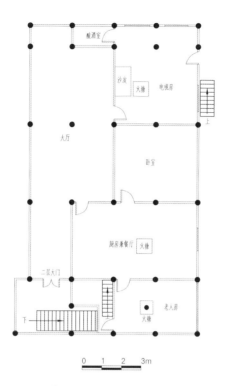

图 4-229　潘氏老屋（1963 年建）二层平面图

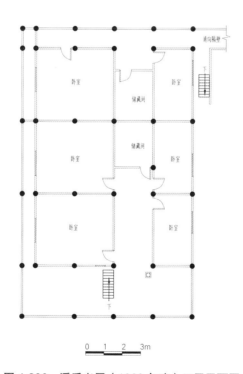

图 4-230　潘氏老屋（1963 年建）三层平面图

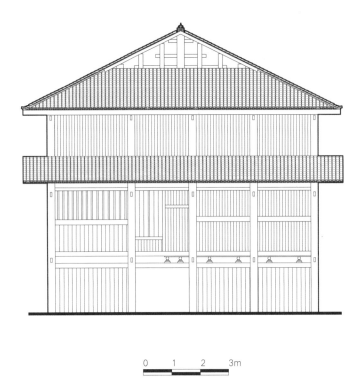

0　1　2　3m

图 4-231　潘氏老屋（1963 年建）东立面图

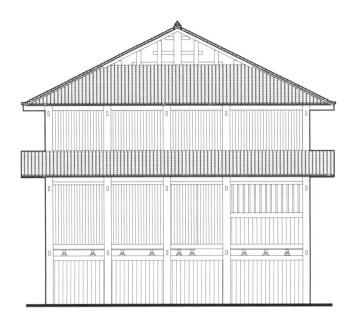

0　1　2　3m

图 4-232　潘氏老屋（1963 年建）西立面图

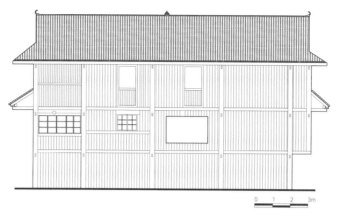

图 4-233 潘氏老屋（1963 年建）北立面图

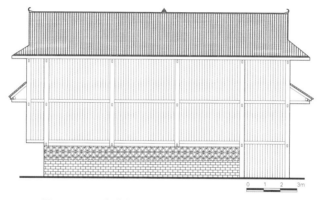

图 4-234 潘氏老屋（1963 年建）南立面图

图 4-235 潘氏老屋（1963 年建）剖面图

4.7 凉亭

凉亭是侗族村寨中比较常见的一种建筑类型，其分布在村寨中的大路边、山顶上、茶园中等位置（图 4-236）。地处偏远的侗族村寨，会在村路之间设有凉亭，供人们赶路时歇脚用；侗寨内的凉亭有与鼓楼相似的功能——供人们休息、纳凉、聊天；有一些山地型的侗寨会将凉亭设在高山之上用于观景。凉亭全为杉木结构，体量不大，多为四角亭或六角亭的开敞式凉亭，屋顶形式有单层双坡屋顶或歇山顶、三层攒尖顶等。亭内两柱之间横穿木枋以代长凳，并设置有靠背方便人们倚坐。

图 4-236 凉亭外观

高友凉亭

高友凉亭实景与测绘图见图 4-237~图 4-280。

1. 高友凉亭一

图 4-237 高友凉亭一外观

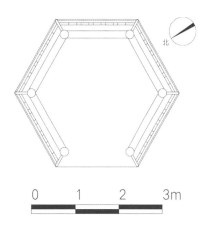

图 4-238 高友凉亭一平面图

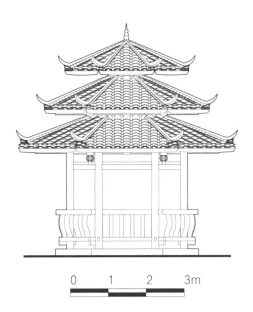

图 4-239 高友凉亭一北立面图

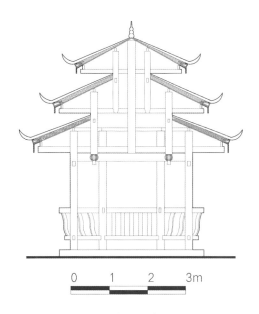

图 4-240 高友凉亭一剖面图

2. 高友凉亭二

图 4-241　高友凉亭二外观

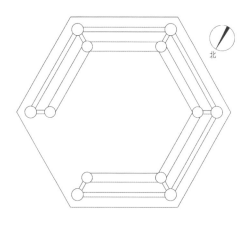

0　　　1　　　2　　　3m

图 4-242　高友凉亭二平面图

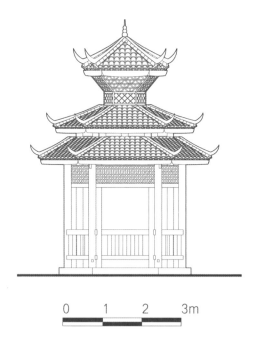

0　　1　　2　　3m

图 4-243　高友凉亭二北立面图

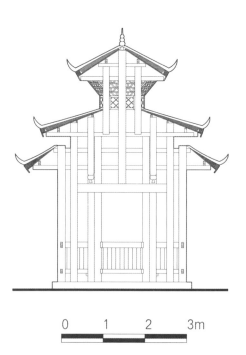

0　　1　　2　　3m

图 4-244　高友凉亭二剖面图

3. 高友凉亭三（小学附近）

图 4-245 高友凉亭三外观

图 4-246 高友凉亭三檐口

图 4-247 高友凉亭三木构架

图 4-248 高友凉亭三平面图

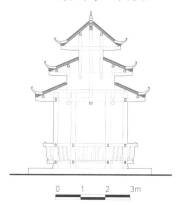

图 4-249 高友凉亭三剖面图

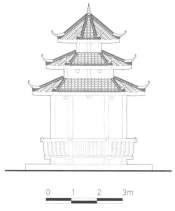

图 4-250 高友凉亭三南立面图

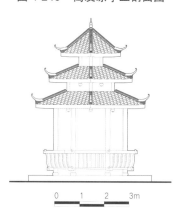

图 4-251 高友凉亭三东立面图

4.高友凉亭四（稀境月也附近）

图 4-252　高友凉亭四外观

图 4-253　高友凉亭四木构架

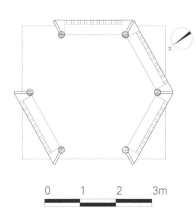

图 4-254　高友凉亭四平面图

图 4-255　高友凉亭四剖面图

图 4-256　高友凉亭四西立面图

图 4-257　高友凉亭四南立面图

5. 高友凉亭五（停车场附近）

图 4-258　高友凉亭五外观

图 4-259　高友凉亭五木构架

图 4-260　高友凉亭五檐口

图 4-261　高友凉亭五座凳

图 4-262　高友凉亭五平面图

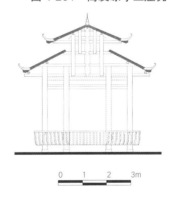

图 4-263　高友凉亭五剖面图

图 4-264　高友凉亭五西南立面图

图 4-265　高友凉亭五北立面图

6. 高友凉亭六（停车场附近）

图 4-266　高友凉亭六外观

图 4-267　高友凉亭六木构架

图 4-268　高友凉亭六吊柱

图 4-269　高友凉亭六柱脚

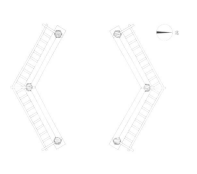

图 4-270　高友凉亭六平面图

图 4-271　高友凉亭六剖面图

图 4-272　高友凉亭六东立面图

图 4-273　高友凉亭六北立面图

7. 高友凉亭七（永兴门旁）

图 4-275　高友凉亭七木构架

图 4-274　高友凉亭七外观

图 4-276　高友凉亭七檐口

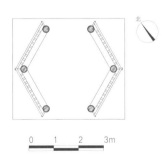

图 4-277　高友凉亭七平面图

图 4-278　高友凉亭七西南立面图

图 4-279　高友凉亭七西北立面图

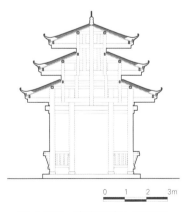

图 4-280　高友凉亭七剖面图

4.8 井亭

侗族人民自古栖水而居。在侗族村寨中，侗族人对水源十分重视，在山泉、溪流旁多建有山石砌筑的水井，井的形状有长方形、圆筒形等，水井中常养有小鱼等生物，方便村民及时监控水质，保障自身安全。水井旁还设有洗菜池、洗衣池。为了防止雨水、落叶等杂物落入井中，侗族人民往往会在水井上方盖亭，水井亭造型简洁，多为简单的四角、六角攒尖形，用料多就地取材，为传统的侗族木构建筑。有的亭内，还在柱间设有木长凳，供人们休憩、乘凉时使用（图 4-281）。

图 4-281　井亭外观

4.8.1 高友文明井亭

高友文明井亭实景与测绘图见图 4-282~图 4-287。

图 4-282 高友文明井亭外观

图 4-283 高友文明井亭侧面

图 4-284 高友文明井亭木构架

图 4-285 高友文明井亭内水井

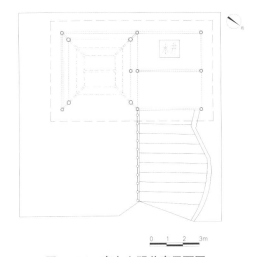

图 4-286 高友文明井亭平面图

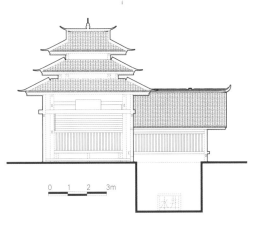

图 4-287 高友文明井亭东立面图

4.8.2 高友务衙井亭

高友务衙井亭实景与测绘图见图 4-288~图 4-297。

图 4-288 高友务衙井亭正面外观

图 4-289 高友务衙井亭侧面外观

图 4-290　高友务衙井亭木构架

图 4-291　高友务衙井亭檐口

图 4-292　高友务衙井亭内水井（小）

图 4-293　高友务衙井亭内水井（大）

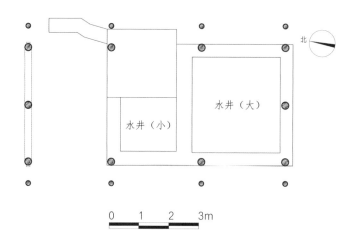

水井（小）

水井（大）

北

0 1 2 3m

图 4-294　高友务衙井亭平面图

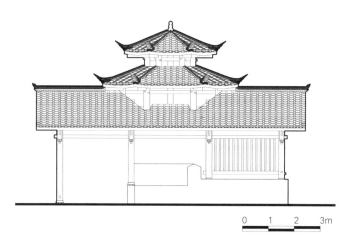

0 1 2 3m

图 4-295　高友务衙井亭西立面图

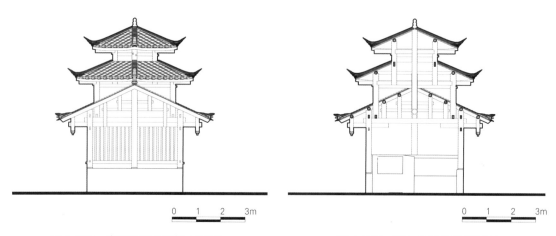

0 1 2 3m

图 4-296　高友务衙井亭南立面图

0 1 2 3m

图 4-297　高友务衙井亭剖面图

4.8.3 高友竹冲井亭

高友竹冲井亭实景与测绘图见图 4-298~图 4-300。

高友竹冲井亭位于高友小学山脚下，竣工于 2006 年 7 月 2 日，该井亭为修建公路而挪位古井重建，是一座五边形三重檐攒尖顶水井亭，其结构与造型都是典型的侗族木构建筑，无声地记录着高友村侗寨的变迁，对于研究高友村落文化发展有一定意义。

图 4-298 高友竹冲井亭外观

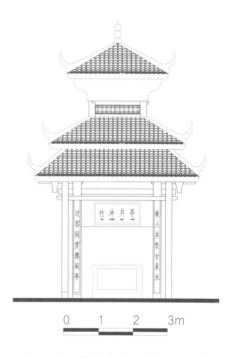

图 4-299 高友竹冲井亭东北立面图

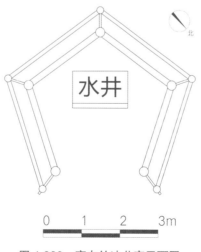

图 4-300 高友竹冲井亭平面图

4.8.4 高友竹冲里井亭

高友竹冲里井亭位于高友小学山脚下，与竹冲井亭相隔不远，因位于竹冲井亭里侧而得名。该井亭为单层砖混结构，木构悬山屋面，两侧设有披檐（图 4-301～图 4-309），由村民集资建设，木匠为杨光智，建于 2011 年。

图 4-301 高友竹冲里井亭外观

图 4-302 高友竹冲里井亭侧面

图 4-303 高友竹冲里井亭内水井

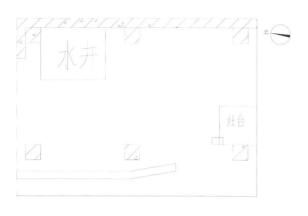

图 4-304　高友竹冲里井亭平面图

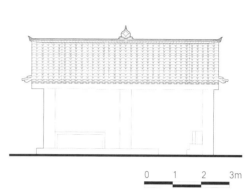

图 4-305　高友竹冲里井亭西立面图

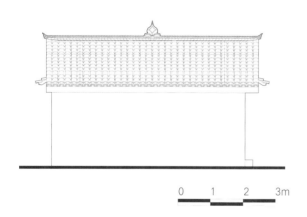

图 4-306　高友竹冲里井亭东立面图

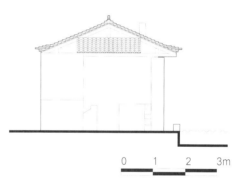

图 4-307　高友竹冲里井亭北立面图

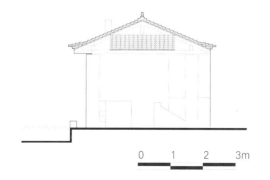

图 4-308　高友竹冲里井亭南立面图

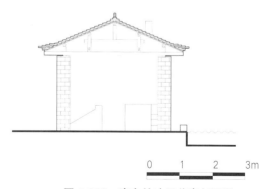

图 4-309　高友竹冲里井亭剖面图

4.8.5 国安井亭

国安井亭实景与测绘图见图 4-310~图 4-319。

图 4-310　国安井亭外观

图 4-311　国安井亭匾额

图 4-312　国安井亭大梁

图 4-313　国安井亭环境

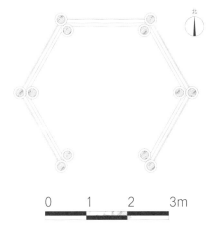

图 4-314　国安井亭平面图

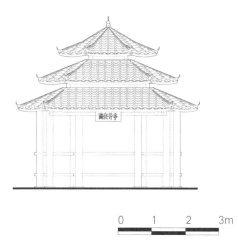

图 4-315　国安井亭南立面图

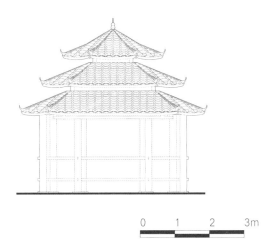

图 4-316　国安井亭北立面图

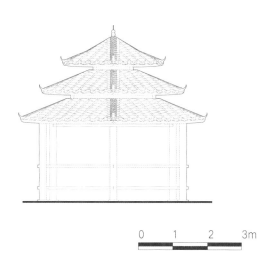

图 4-317　国安井亭西立面图

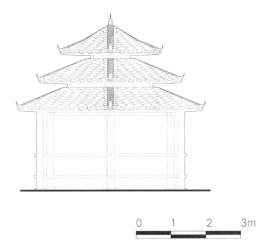

图 4-318　国安井亭东立面图

图 4-319　国安井亭剖面图

4.8.6 高友古井亭

高友古井亭实景与测绘图见图 4-320~图 4-327。

图 4-320 高友古井亭外观

图 4-321 高友古井亭木构架

图 4-322 高友古井亭内水井

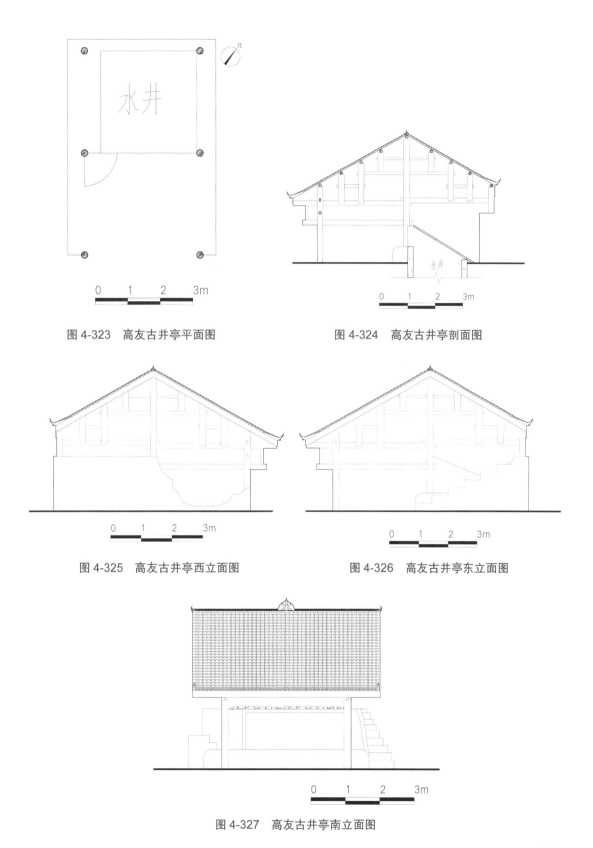

图 4-323 高友古井亭平面图

图 4-324 高友古井亭剖面图

图 4-325 高友古井亭西立面图

图 4-326 高友古井亭东立面图

图 4-327 高友古井亭南立面图

4.8.7 政协井亭

政协井亭实景与测绘图见图 4-328～图 4-338。

图 4-328　政协井亭及周围环境

图 4-329　政协井亭正面

图 4-330　政协井亭内水井

图 4-331　政协井亭木构架

图 4-332　政协井亭檐口

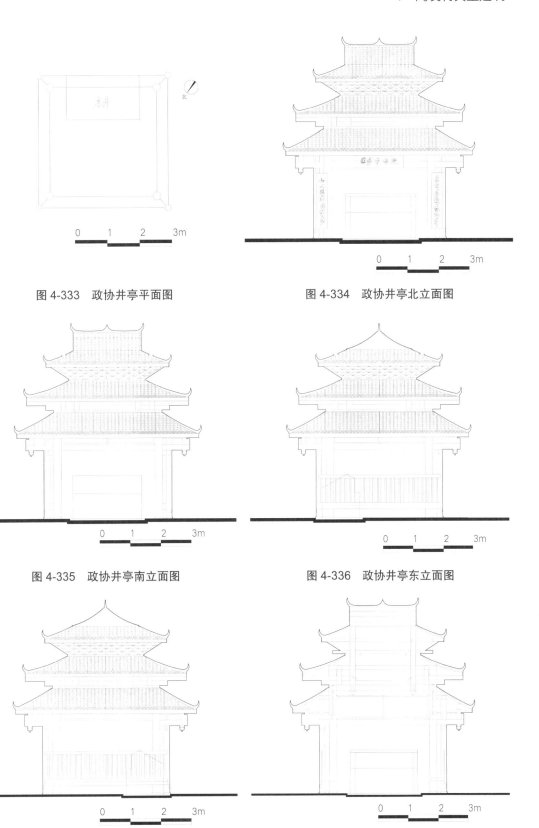

图 4-333　政协井亭平面图

图 4-334　政协井亭北立面图

图 4-335　政协井亭南立面图

图 4-336　政协井亭东立面图

图 4-337　政协井亭西立面图

图 4-338　政协井亭剖面图

4.8.8　高友子母井亭

高友子母井亭实景与测绘图见图 4-339~图 4-349。

图 4-339　高友子母井亭外观（1）

图 4-340　高友子母井亭木构架

图 4-341　高友子母井亭外观（2）

图 4-342　高友子母井亭内母井

图 4-343　高友子母井亭内子井

图 4-344　高友子母井亭平面图

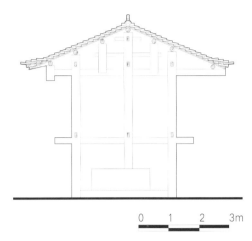

图 4-345　高友子母井亭剖面图

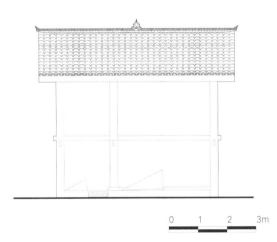

图 4-346　高友子母井亭南立面图

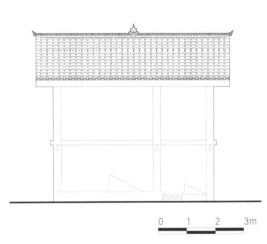

图 4-347　高友子母井亭北立面图

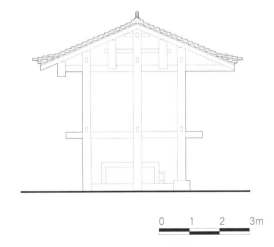

图 4-348　高友子母井亭东立面图

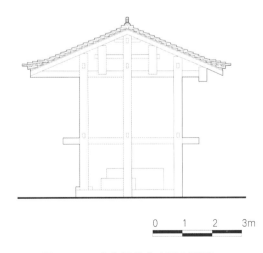

图 4-349　高友子母井亭西立面图

4.8.9　高友山脚井亭

山脚井亭（务衙鼓楼北）实景与测绘图见图 4-350～图 4-361。

1. 山脚井亭一

图 4-350　山脚井亭一外观

图 4-351　山脚井亭一木构架

图 4-352　山脚井亭一内水井

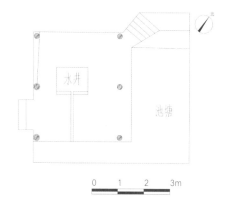

图 4-353　山脚井亭一平面图

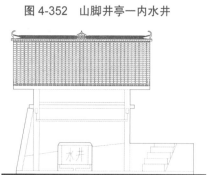

图 4-354　山脚井亭一东立面图

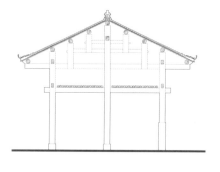

图 4-355　山脚井亭一剖面图

2. 山脚井亭二

图 4-356　山脚井亭二外观

图 4-357　山脚井亭二屋顶

图 4-358　山脚井亭二内景

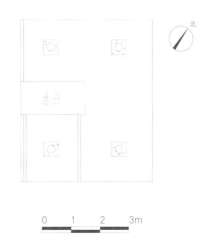

图 4-359　山脚井亭二平面图

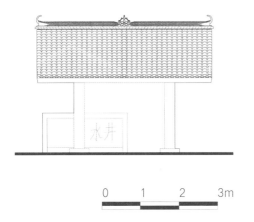

图 4-360　山脚井亭二东立面图

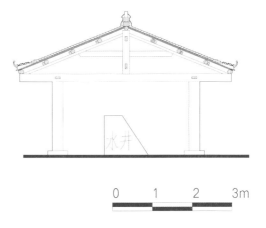

图 4-361　山脚井亭二剖面图

4.8.10 其他高友井亭

其他高友井亭实景与测绘图见图 4-362~图 4-396。

1. 高友井亭一（山脚下）

图 4-362 高友井亭一外观

图 4-363 高友井亭一内景

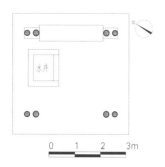

图 4-364 高友井亭一平面图

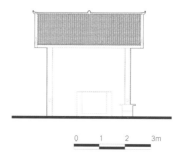

图 4-365 高友井亭一南立面图

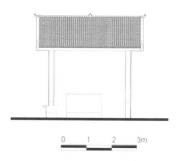

图 4-366 高友井亭一北立面图

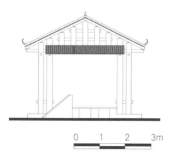

图 4-367 高友井亭一西立面图

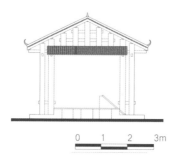

图 4-368 高友井亭一东立面图

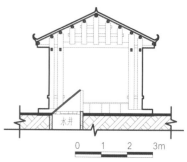

图 4-369 高友井亭一剖面图

2. 高友井亭二（雷王宫附近）

图 4-370 高友井亭二外观

图 4-371 高友井亭二侧面

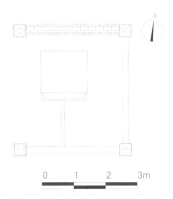

图 4-372 高友井亭二平面图

图 4-373 高友井亭二南立面图

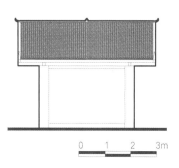

图 4-374 高友井亭二北立面图

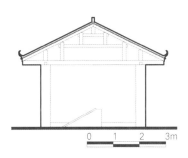

图 4-375 高友井亭二西立面图

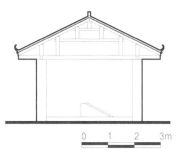

图 4-376 高友井亭二东立面图

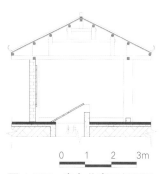

图 4-377 高友井亭二剖面图

3. 高友井亭三（稻田边）

图 4-378　高友井亭三外观

图 4-379　高友井亭三构架

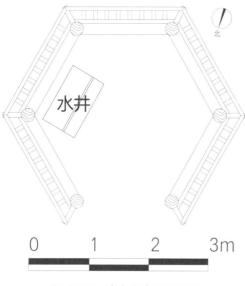

水井

0　　1　　2　　3m

图 4-380　高友井亭三平面图

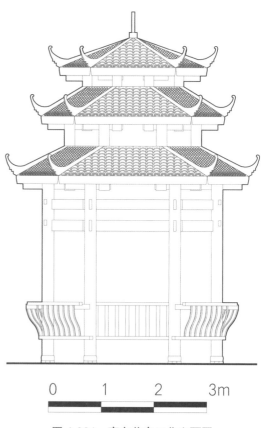

0　　1　　2　　3m

图 4-381　高友井亭三北立面图

4. 高友井亭四（民居间）

图 4-382　高友井亭四外观

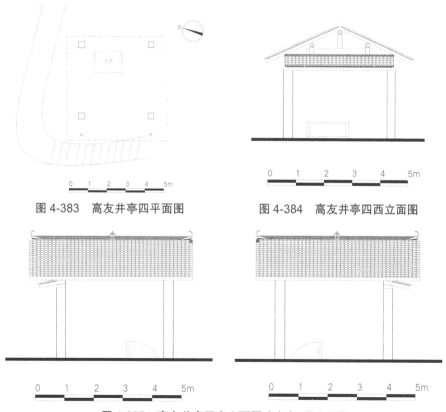

图 4-383　高友井亭四平面图　　　　　图 4-384　高友井亭四西立面图

图 4-385　高友井亭四南立面图（左）、北立面图

5. 高友井亭五（水田边）

图 4-386　高友井亭五外观

图 4-387　高友井亭五及周边环境

图 4-388　高友井亭五休息座椅

图 4-389　高友井亭五内水井

图 4-390　高友井亭五木构架

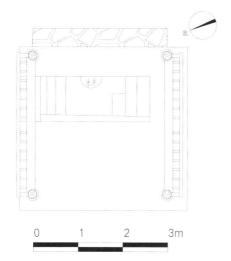

图 4-391　高友井亭五平面图

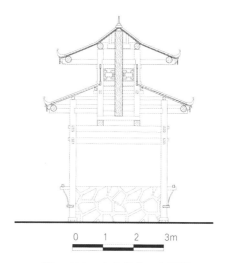

图 4-392　高友井亭五剖面图

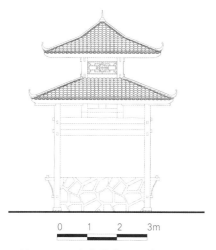

图 4-393　高友井亭五西北立面图

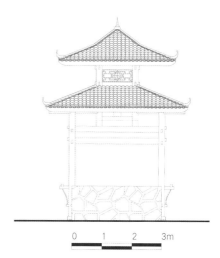

图 4-394　高友井亭五东南立面图

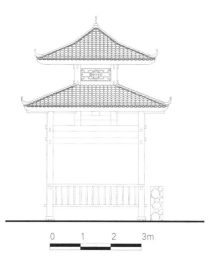

图 4-395　高友井亭五西南立面图

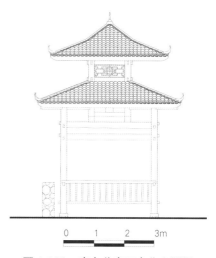

图 4-396　高友井亭五东北立面图

5

高友村建筑装饰

5.1　屋顶装饰

5.1.1　脊饰

1.建、构筑物脊饰（图 5-1～图 5-6）

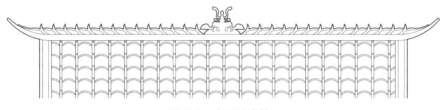

图 5-1　吉利楼脊饰

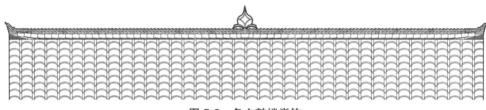

图 5-2　务文鼓楼脊饰

图 5-3　接龙门脊饰

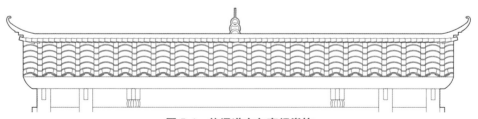

图 5-4　往通道方向寨门脊饰

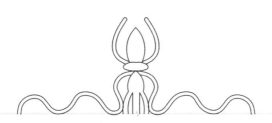

图 5-5 高友南岳楼脊饰大样图一

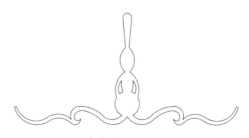

图 5-6 高友南岳楼脊饰大样图二

2. 民居脊饰（图 5-7～图 5-18）

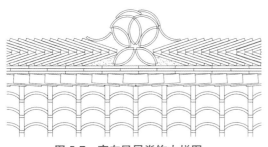

图 5-7 高友民居脊饰大样图一

图 5-8 高友民居脊饰大样图二

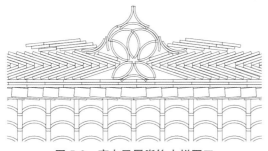

图 5-9 高友民居脊饰大样图三

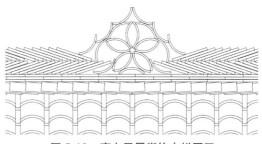

图 5-10 高友民居脊饰大样图四

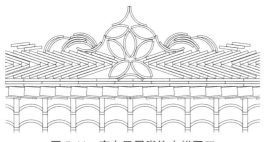

图 5-11 高友民居脊饰大样图五

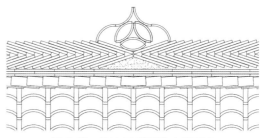

图 5-12 高友民居脊饰大样图六

图 5-13　高友民居脊饰大样图七

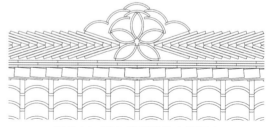

图 5-14　高友民居脊饰大样图八

图 5-15　高友民居脊饰大样图九

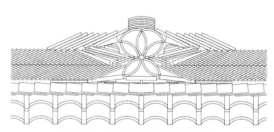

图 5-16　高友民居脊饰大样图十

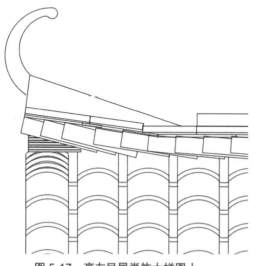

图 5-17　高友民居脊饰大样图十一

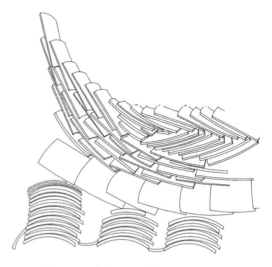

图 5-18　高友民居脊饰大样图十二

5.1.2 宝顶

宝顶实景与测绘图见图 5-19~图 5-24。

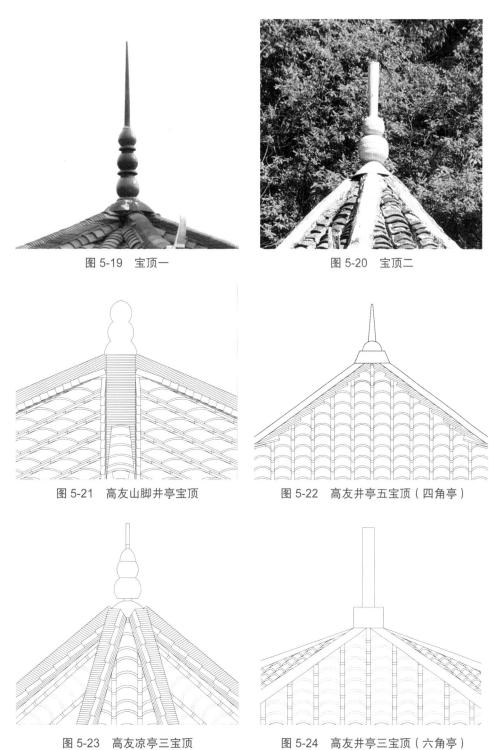

图 5-19 宝顶一

图 5-20 宝顶二

图 5-21 高友山脚井亭宝顶

图 5-22 高友井亭五宝顶（四角亭）

图 5-23 高友凉亭三宝顶

图 5-24 高友井亭三宝顶（六角亭）

5.1.3　檐口

檐口测绘图见图 5-25～图 5-26。

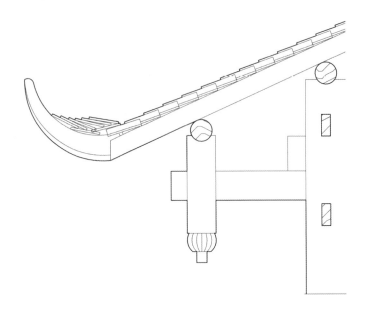

图 5-25　带吊柱檐口

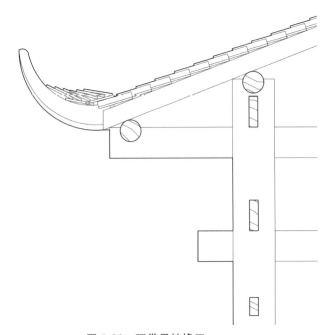

图 5-26　不带吊柱檐口

5.1.4 檐角

檐角实景与测绘图见图 5-27~图 5-40。

图 5-27　檐角一　　　　　　　　　图 5-28　檐角二

图 5-29　檐角三　　　　　　　　　图 5-30　檐角四

图 5-31　檐角五　　　　　　　　　图 5-32　檐角六

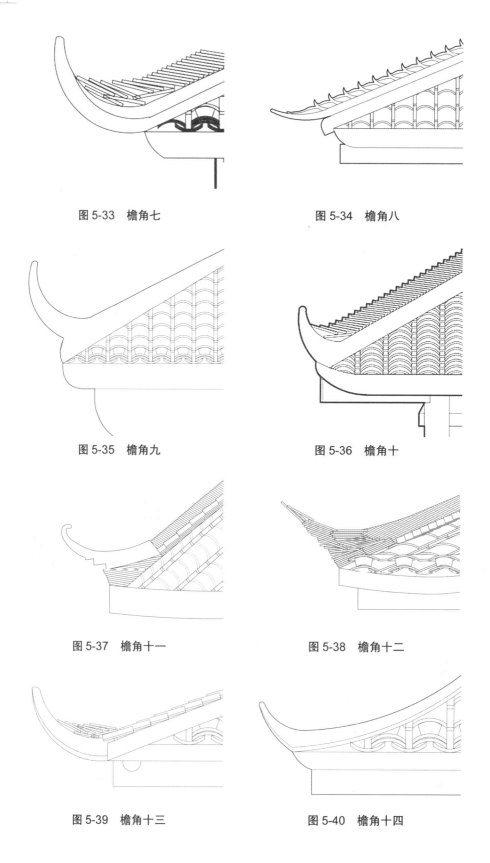

图 5-33　檐角七

图 5-34　檐角八

图 5-35　檐角九

图 5-36　檐角十

图 5-37　檐角十一

图 5-38　檐角十二

图 5-39　檐角十三

图 5-40　檐角十四

5.2 梁架装饰

5.2.1 梁

梁测绘图见图 5-41~图 5-43。

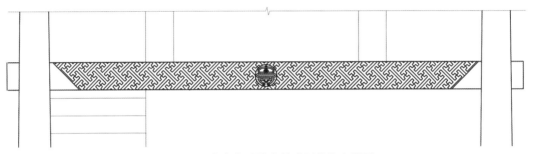

图 5-41 高友南岳楼穿枋雕刻装饰大样图

图 5-42 高友南岳楼穿枋雕刻装饰局部

图 5-43 高友南岳楼内穿枋雕刻装饰

5.2.2　瓜柱、吊柱

瓜柱、吊柱实景与测绘图见图 5-44～图 5-54。

图 5-44　瓜柱装饰一

图 5-45　瓜柱装饰二

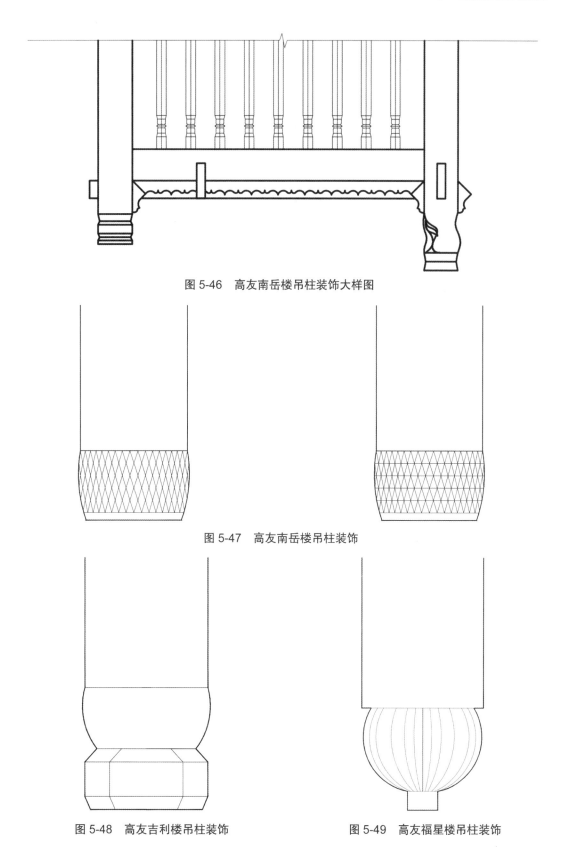

图 5-46　高友南岳楼吊柱装饰大样图

图 5-47　高友南岳楼吊柱装饰

图 5-48　高友吉利楼吊柱装饰　　　　　图 5-49　高友福星楼吊柱装饰

图 5-50　高友村史室吊柱装饰一

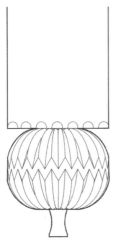

图 5-51　高友村史室吊柱装饰二

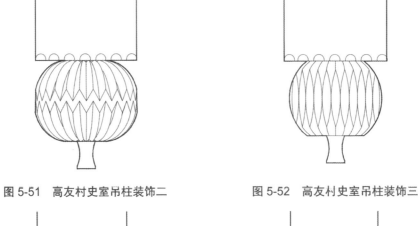

图 5-52　高友村史室吊柱装饰三

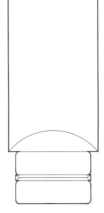

图 5-53　高友村史室吊柱装饰四

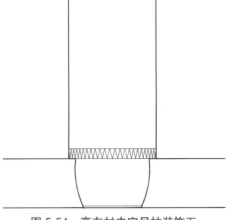

图 5-54　高友村史室吊柱装饰五

5.3 柱础装饰

石磉实景及其花饰拓印图见图 5-55~图 5-56。

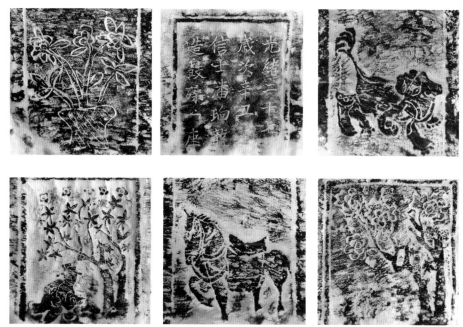

图 5-55　高友南岳楼石磉一

图 5-56　高友南岳楼石礅二

5.4 门窗装饰

5.4.1 门

门装饰样式图见图 5-57~图 5-73。

图 5-57　高友南岳宫楼门样式一

图 5-58　高友南岳宫楼门样式二

图 5-59　高友南岳宫隔扇门绦环板一

图 5-60　高友南岳宫隔扇门绦环板二

图 5-61　高友南岳宫隔扇门绦环板三

图 5-62　高友南岳宫隔扇门绦环板四

图 5-63　高友南岳宫隔扇门绦环板五

图 5-64　高友南岳宫隔扇门绦环板六

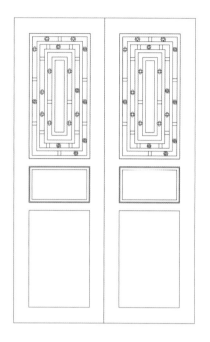

图 5-65　高友飞山庙门一

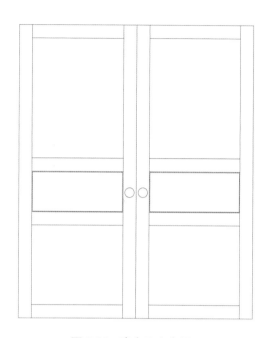

图 5-66　高友飞山庙门二

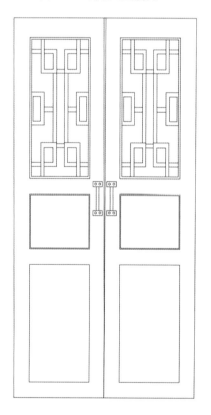

图 5-67　高友飞山庙门三

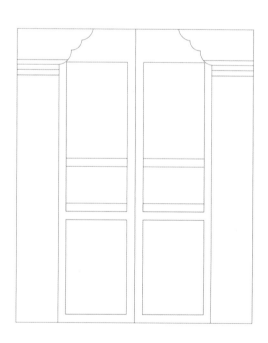

图 5-68　高友飞山庙门四

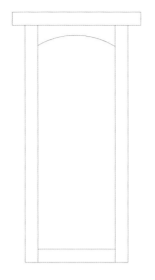

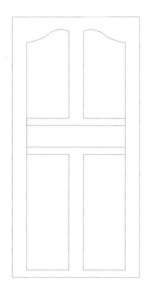

图 5-69　高友飞山庙门五　　　　图 5-70　高友飞山庙门六

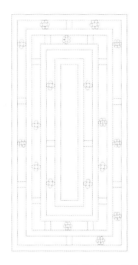

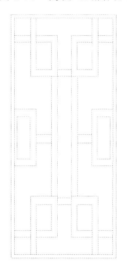

图 5-71　高友飞山庙隔扇门窗棂格

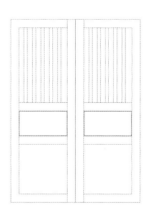

图 5-72　高友吉利楼门　　　　图 5-73　高友务文鼓楼门

5.4.2　窗

窗装饰样式图见图 5-74~图 5-79。

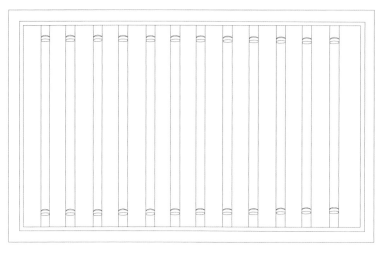

图 5-74　高友福星楼直棂窗

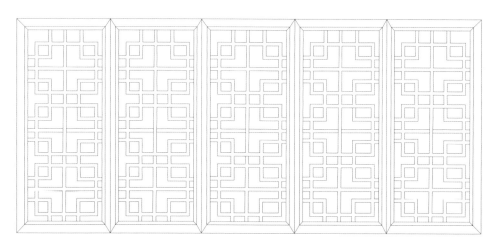

图 5-75　高友福星楼窗棂格

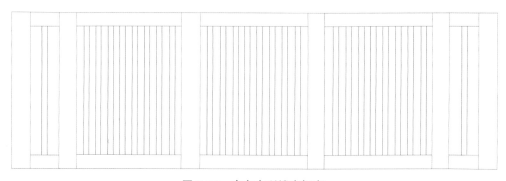

图 5-76　高友吉利楼直棂窗

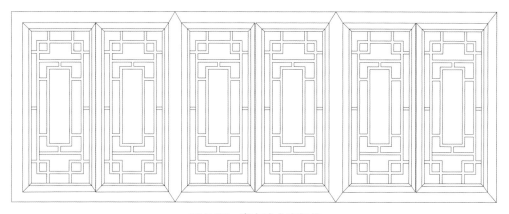

图 5-77 高友戏台窗棂格

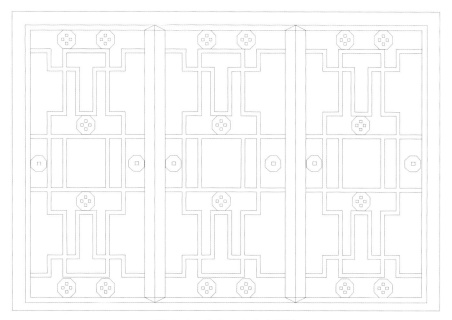

图 5-78 高友飞山宫窗棂格

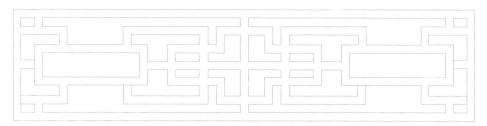

图 5-79 高友井亭风窗

6

高友村碑文

6.1　南岳宫楼下方村规民约石碑（清）

该村规民约石碑位于南岳宫楼下方，立于清同治六年（1867 年）四月（图 6-1 和图 6-2）。

图 6-1　南岳宫楼下清代村规民约石碑

图 6-2　南岳宫楼下清代村规民约碑文拓片

6.2 飞山庙捐赠石碑（清）

该石碑位于高友飞山庙内，立于清同治三年（1864年）三月（图6-3和图6-4）。

图6-3 飞山庙捐赠石碑

图6-4 飞山庙捐赠石碑碑文拓片

6.3　装饰石雕

装饰石雕实景见图 6-5。

图 6-5　[清] 双羊同伴石雕羊